조경,
가까운
자연

**아모레퍼시픽 용산 본사 루프 가든, 빛이 머무는 마당.**

용산역 부근, 절제된 큐브형 건물 속에는 한옥 툇마루에서 영감을 얻은 루프 가든이 있다.
햇빛은 시간에 따라 다른 그림자를 만들며 위아래와 안팎 공간을 잇는다.
내부는 마당처럼 아늑하고, 외부에서 공원으로 이어지는 도시의 새로운 출발점이 된다.

**어디서나 같은 풍경, 잃어버린 맥락.**

서울의 아파트 단지(위)와 부산의 아파트 단지(아래). 서로 다른 도시이고 수백 킬로미터 떨어진 지역이지만 풍경은 거의 다르지 않다. 본래 동양 정원에서 산수를 축소해 담던 석가산은 이제 맥락을 잃은 채 어디서나 똑같이 반복된다. 전통의 흔적은 전형화된 장식물로 소비되고, 우리는 신도시를 걸을 때마다 처음 오는 곳인데도 이미 다녀온 듯한 기시감을 느낀다. 이것이 바로 획일화가 남긴 대가다.

**선유도공원, 한강 위의 기억.**

이곳은 한때 서울의 물을 공급하던 정수장이었다.
기능을 다한 산업 시설은 철거하지 않고, 구조와 흔적을 살려 새로운 공원으로 재탄생했다.
거대한 정수탱크와 콘크리트 벽은 산업의 기억을 담은 채 숲과 연못, 산책로 속에 녹아들었다.

삭막했던 한강변은 이렇게 시민을 위한 생태적 휴식처가 되었고,
산업에서 환경으로, 공급에서 문화와 휴식으로 이어지는 사회적 전환을 보여주는
상징적 장소가 되었다.

|1|2|
|-|-|
| |3|

### 1
**커피 향과 석양빛,
시애틀의 바다.**

파이크 플레이스 마켓의 스타벅스 1호점에서 커피 한 잔을 들고 수변 산책로로 내려온다. 눈앞에는 거대한 관람차와 바다가 펼쳐지고, 저녁이 되면 태평양 너머로 붉게 지는 석양이 도시를 물들인다. 일상의 풍경이 드라마틱하게 이어지는 순간이다.

### 2-3
**뉴요커의 하루가 흐르는 길,
하이라인.**

옛 화물 철로가 공원으로 바뀌며, 회색 도시에 꽃향기와 바람이 스며들었다. 길 위에는 거리 공연과 사람들의 웃음소리가 어우러지고, 발밑에는 첼시 마켓의 활기가 전해진다. 석양빛이 건물 사이로 스며드는 순간, 이 길은 뉴요커의 하루를 가장 가까이에서 느낄 수 있는 특별한 산책로가 된다.

**제주 베케, 바람이 머물고 돌이 숨 쉬는 자연주의 정원.**

현무암과 이끼, 억새와 바람이 만든 제주의 생태적 질서가
인공과 자연의 경계를 부드럽게 지운다.

**성수동, 산업적 흔적과 녹색이 겹친 거리.**

낡은 철문과 공장의 기억 위로 녹음이 드리우고,
그 사이에 카페와 새로운 라이프스타일이 스며든다.
오래된 풍경과 새로운 일상이 겹치며 성수동만의 분위기를 만든다.

**옛 철길, 새로운 기억의 놀이터.**

경의선숲길에는 더 이상 기차가 다니지 않지만,
여전히 사람들의 발걸음과 웃음소리가 이어진다.
낯선 철길이 아이들에게는 숨바꼭질의 무대가 되고,
어른들에게는 산책로가 되며 옛 기억을 불러오는 장소가 된다.
도시 한복판에서 옛 철길은 또 다른 풍경으로 되살아난다.

**난지도 하늘공원, 억새의 바다 위에 서다.**

쓰레기가 쌓여 있던 언덕은 이제 억새와 바람이 출렁이는 초원이 되었다.
바람결에 흔들리는 풀잎 사이를 걷다 보면, 발아래엔 과거의 흔적이, 눈앞엔 서울의 전경이 펼쳐진다.
도시의 가장 높은 풀밭에서, 서울은 잠시 자연의 호흡을 되찾는다.

**포틀랜드 일본정원, 이국 땅에 뿌리내린 교토의 정취.**

교토의 정원이 태평양을 건너, 미국 북서부의 숲속에 자리 잡았다.
이끼와 연못, 모래 위의 파문은 낯선 땅에서도 고요한 질서를 이루며
새로운 자연과 어우러진다. 이곳은 전통이 이식되고 변형되며,
다른 문화의 땅에서 또 하나의 정취로 살아난 공간이다.

**청계천, 도심 속 되살아난 물길.**

광화문에서 동대문까지 이어지는 청계천은 서울에서 가장 활기찬 산책길이다.
한때 복개되어 사라졌던 하천은 다시 흐르기 시작했고,
여름에는 발끝을 식혀주고 밤에는 불빛이 물 위로 번져 도심을 물들인다.
콘크리트 아래 묻혔던 물길이 되살아난 풍경은, 도시가 자연과
다시 연결될 수 있음을 보여준다.

**순천만국제정원박람회, 도시를 바꾸는 언어.**

강변을 따라 굽이치는 길 위에 수천 송이의 꽃이 거대한 그림처럼 펼쳐진다. 이곳은 단순한 정원 전시가 아니라, 자연의 회복을 알리고 지역의 문화와 세계 각국의 정원이 어우러지는 교류의 장이다.
사람들은 꽃길을 걸으며 서로의 문화를 나누고, 공동체가 함께 누리는 새로운 도시의 미래를 경험한다.

**전설로 남기거나, 현재로 잇거나.**

로마의 포로 로마노는 무너진 기둥과 잔해를 그대로 두어,
시간의 층위를 느끼게 한다. 폐허 자체가 영원의 상징이 되고,
서구는 전통을 전설처럼 바라본다.

ⓒ서지윤

반면 경주의 동궁과 월지는 발굴과 복원을 통해 옛 풍경을 오늘의 공간 속에 되살린다. 한국은 전통을 끊임없이 다시 쓰며 현대와 이어가려 한다. 〈케이팝 데몬 헌터스〉에서는 전통 설화와 상징을 현대적 감각으로 재구성하여 현재 속에서 계속 변주하며 살아 있는 힘으로 만든다.

**가든스 바이 더 베이, 미래 도시를 심은 정원.**

거대한 슈퍼트리는 숲처럼 솟아올라 낮에는 그늘을 드리우고, 밤에는 빛과 음악의 장관을 만든다. 두 거대한 온실은 지중해와 고산 식물을 길러내며 또 다른 풍경을 연출한다. 가든스 바이 더 베이는 화려한 경관과 정교한 기능이 결합된, 싱가포르가 그리는 미래 도시의 전략적 상징이다.

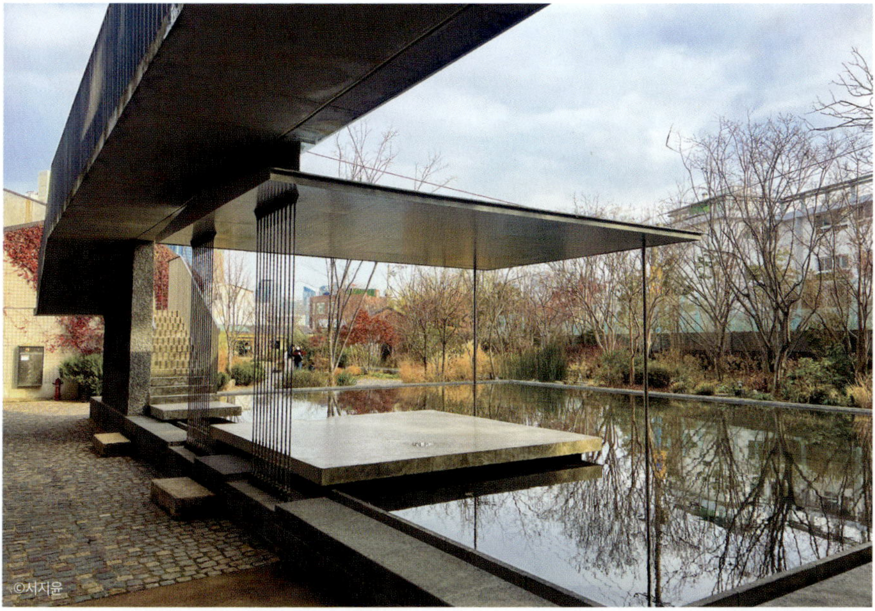

©서지윤

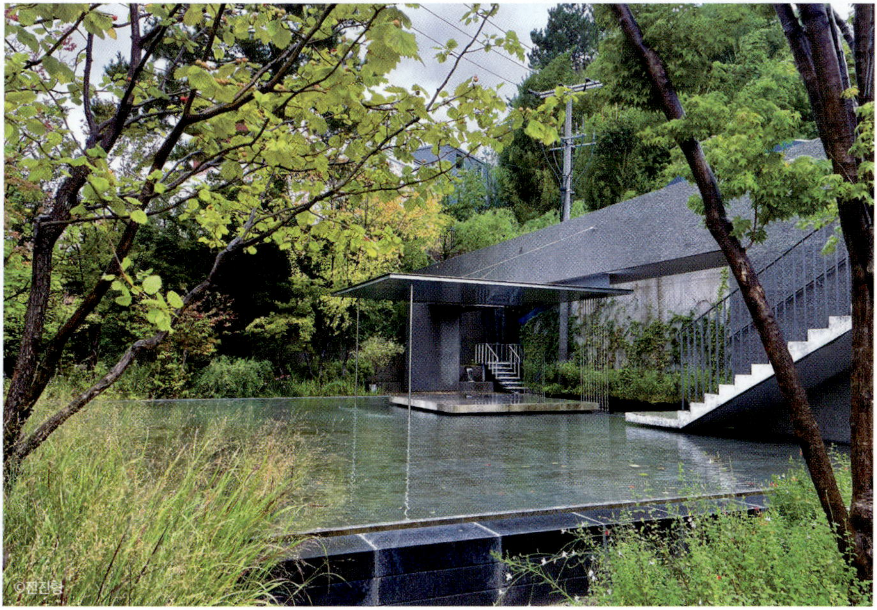

©전진형

**F1963, 철의 공장에서 문화의 숲으로.**

1963년 문을 연 제강 공장은 숲과 정원이 된 문화공간으로 다시 태어났다.
강철은 건축의 골격에 남아 있고, 그 사이로 물과 나무가 스며든다.
산업의 흔적과 자연의 회복이 공존하는 이곳에서, 과거와 현재가 함께 흐른다.

**남산공원, 서울을 닮은 언덕.**

옛날에는 한양의 뒷산으로 목멱산이라 불렸던 남산은 일제강점기의 아픈 기억을 품고 있다. 지금은 남산타워와 함께 서울을 대표하는 상징이며 시민들에게는 산책과 데이트, 가족 나들이의 장소가 된다. 최근에는 〈케이팝 데몬 헌터스〉에서 진우와 루미가 만난 곳으로 알려지면서 외국인들에게도 서울의 특별한 명소로 자리 잡았다.

**브루클린 브리지 파크, 맨해튼을 바라보는 공원.**

강변 잔디밭에 앉으면 머리 위에는 브루클린 브리지가, 맞은편에는 맨해튼의 스카이라인이 펼쳐진다. 산책과 피크닉, 공연과 스포츠가 어우러지는 이곳은 뉴욕 시민과 여행자가 함께 찾는 대표적인 수변 공원이다. 도심 속에서 가장 뉴욕다운 풍경과 여유를 동시에 즐길 수 있다.

**서울숲, 성수와 이어지는 라이프스타일.**

경마장이었던 땅이 숲으로 바뀌며 시민의 일상이 달라졌다.
이 숲은 성수동의 거리와 이어져 카페와 상점, 잔디밭과 산책길이
하나의 생활 풍경을 만든다. 숲과 도시가 맞닿은 자리에서
서울의 새로운 라이프스타일이 자라난다.

**시드니 바랑가루 리저브, 상처받은 땅에 보내는 치유와 화해의 손길.**

복원된 해안선 위로 펼쳐진 산책로와 사암 절벽, 그리고 자생식물의 군락.
이곳에서 도시는 과거의 상처를 딛고, 자연과 화해하며 미래의 회복탄력성을 설계한다.

**홍수터를 잃은 강, 물에 잠긴 공원.**

광나루공원의 산책로와 나무들이 홍수에 잠겼다.
본래 강물이 넘치면 물이 머물던 범람원은 도로와
제방에 막혀 사라졌고,
대신 그 빈자리는 공원이 차지했다.
자연스러운 숨결이 끊긴 한강은 이제
범람하지 않고 우리의 일상을 곧장 덮쳐온다.

©태미경

**아자부다이 힐스, 도심 속 입체 정원.**

도쿄 빌딩 숲 한가운데 거대한 녹지가 층층이 쌓여 올라간다.
옥상 과수원과 공중 정원, 수직 녹지가 이어지며 도시는 숲과 맞닿는다.
단순한 장식이 아니라 기후 대응과 일상의 쉼터가 결합된, 새로운 도시 경관의 실험이다.

**도시의 작은 밭, 새로운 만남의 장.**

아파트 단지의 텃밭은 아이들이 흙을 만지고
식물이 자라는 과정을 배울 수 있는 공간이다.
어른들은 채소를 가꾸며 이웃과 이야기를 나누며 소통한다.
작은 화단과 밭이 모여 일상의 풍경을 바꾸는 사이
공동체는 깊이 연결된다.

**9·11 메모리얼, 부재를 기억하는 숲.**

옛 쌍둥이 빌딩이 서 있던 자리에는 두 개의 연못이 놓였다.
참나무 숲과 함께 만들어진 이 공간은 도시의 상처를 기억하면서
자연을 통해 치유와 회복의 가능성을 전한다.

ⓒ이호영

**흘러내리는 물, 지워지지 않는 기억.**
두 연못의 가장자리에는 검은 화강암 벽을 따라 물이 끝없이 흘러내리다
중앙의 구멍으로 사라지는 듯 보인다. 이 흐름은 사라진 자리를 드러내면서도
잊지 말아야 할 기억을 붙잡는다.

©이호영

# 조경, 가까운 자연

조경이란 인간에게 자연을 돌려주는 일이다

전진형 지음

21세기북스

Prologue

# 살기 좋은 도시는 우연히 만들어지지 않는다

어느 무더운 여름날 서울 도심을 걸었다. 발밑에서 올라오는 뜨거운 열기, 유리벽에 반사되는 햇빛, 가지가 잘린 가로수, 바람 한 점 없는 도로. 숨이 막히게 답답했다. 도시는 왜 이렇게까지 뜨거워졌을까. 사람의 편리와 효율을 위해 설계된 공간이지만 그 도시가 오히려 사람을 숨 막히게 만든다면 우리는 무엇을 위해 도시를 만들어온 것일까.

같은 도시에 살면서도 어떤 동네에는 자꾸 가고 싶어지고 어떤 곳은 빨리 벗어나고 싶어진다. 경의선숲길을 걸으면 마음이 가라앉고, 한강공원 벤치에 앉으면 몸이 풀린다. 청계천의 물소리를 들으면 평온함이 스며든다. 이런 감정의 변화는 우연이 아니다.

30여 년 전, 지금의 하늘공원 자리는 서울에서 가장 피하고 싶은 장소였다. 악취와 파리떼가 가득한 난지도 매립지였다. 1978년부터 15년 동안, 서울의 생활폐기물이 산처럼 쌓였다.

하지만 지금 그곳은 완전히 다른 풍경을 품고 있다. 억새가 바람에 흔들리는 드넓은 초원, 한강과 도심이 한눈에 내려다보이는 전망. 주말이면 연인과 가족, 사진가들이 석양과 일출을 보기 위해 이곳을 찾는다. 과거의 쓰레기 산은 이제 서울의 가장 아름다운 언덕이 되었다.

이 변화는 단순한 복원이 아니다. 땅을 안정시키는 기술, 자연이 스스로 회복하도록 돕는 생태의 지혜 그리고 그 과정을 하나의 경관으로 완성하는 감각이 필요했다. 과학과 예술, 기술과 기억이 만나는 자리. 사람과 자연이 함께 숨 쉬는 그곳에서 도시는 다시 살아났다.

"조경은 무슨 일을 하나요?"

사람들은 종종 그렇게 묻는다. 나무를 심고 정원을 가꾸는 일인가? 틀린 말은 아니지만 그것만으로는 부족하다. 어떻게 하면 더 아름답고 쓸모 있으며, 더 많은 사람에게 공정하게 열릴까. 이런 질문들을 곱씹다 보면, 조경은 단순히 예쁜 공간을 만드는 일이 아니라는 것을 알게 된다.

조경은 예술이자 기술이며, 과학적 사실 위에 인문학적 통찰을 더한다. 심미성과 기능, 공공성을 담아 일상을 조금 더 편안하게 만들고 자연과의 거리를 좁힌다. 이렇게 복잡하게 설명하려 할수록 본질에서 멀어진 것 같다. 하지만 수많은 질문과 대답을 돌이켜 보면 답은 의외로 순수했다.

조경은 인간에게 자연을 돌려주는 일이다.

콘크리트와 아스팔트로 덮인 도시에서 잃어버린 자연을 되찾게 하는 일이다. 그 자연은 멀리 있지 않다. 생각보다 가까이에, 우리의 일상 속에 있다. 그래서 조경은 머리로 이해하기보다 몸으로 느껴진다. 출근길의 그늘, 공원의 새소리, 산책로의 흙냄새, 계절마다 달라지는 색과 바람의 질감이 감각을 일깨운다. 사람은 그 안에서 위로를 얻고 도시는 다시 숨을 쉰다.

함민복 시인은 "모든 경계에는 꽃이 핀다"고 했다. 일과 놀이의 틈, 자연과 인공의 사이, 예술과 과학의 접점. 조경은 그 경계에서 피어난다.

자연과 인간이 만나는 방식은 문화마다 달랐지만, 그 지향은 언제나 같았다. 시대와 대륙을 넘어 인간은 늘 '조화로운 아름다움'을 꿈꾸어왔다.

이탈리아 르네상스의 궁정인들은 '스프레자투라(Sprezzatura)', 즉 어려운 일을 아무렇지 않게 해내는 자연스러운 완성을 미덕으로 삼았다. 공자는 "검소하되 누추하지 않고, 화려하되 사치스럽지 않다(檢而不陋 華而不侈)"고 했다. 절제와 조화 속에서 품격을 잃지 않는 미학이었다.

이런 사유는 동서양 정원의 공간에서도 발견된다. 창덕궁 후원의 부용지는 연못과 정자, 나무와 돌이 절묘한 균형을 이루며 자연과 인간의 공존이 무엇인지 조용히 보여준다. 연못은 완전한 원도 사각형도 아닌 자연스러운 곡선을 그리고, 정자는 물 위에 떠 있는 듯 보이지만 단단한 기초 위에 서 있다. 절제의 미학이자, 자연과 인공이 공존하는 철학이다.

한편 서양의 정원에서는 다른 방식으로 완성을 추구했다. 베르사유 정원의 기하학 정원은 자연의 아름다움을 완전히 통제할 수 있다는 절대왕정의 의지를 보여준다. 영국의 풍경식 정원은 자연의 아름다움을 그대로 보존하려는 낭만주의 정신을 담고 있다.

동양에서는 또 다른 깊이가 있었다. 일본의 정원에는 '모노노 아와레(物の哀れ)', 사물의 덧없음에서 피어나는 아름다움이 스며 있다. 돌과 이끼, 모래와 여백이 빚어내는 그 절제된 풍경 속에서, 인간은 완성보다 흐름을, 영원보다 순간을 택하며 자연의 침묵 속에서 가장 깊은 사유에 이른다.

동서양의 정원은 각기 다른 방식으로 같은 질문에 답했다. 인간은 자연을 어떻게 이해하고, 그 안에서 자신을 어디에 두어야 하는가. 결국 중요한 것은 형태나 양식이 아니라 균형의 감각이다. 때로는 질서가 필요하고 때로는 흐름이 필요하다. 때로는 영원을 추구하고 때로는 변화의 시간을 받아들인다. 조경은 그 사이에서 세상을 읽고 인간의 경험을 설계한다. 어떤 선택이 사람들에게 어떤 감각과 의미를 남기는지 탐구하는 것, 그것이 조경의 본질이다.

세상이 잠시 균형을 되찾는 그 순간, 조경이 만들어낸 질서가 사람의 감각 속에서 드러난다. 그때 우리는 비로소 경관을 경험한다.

이런 철학은 오늘의 도시에서도 이어지고 있다. 서울 곳곳에서 한동안 도시의 흐름에서 비켜 있던 땅들이 다시 자연으로 돌아오고 있다. 폐선로였던 경의선은 시민의 숲길이 되었고 경마장과 정수장이었던 서울숲은 생태공원으로 바뀌었다. 한때 접근하기 어려웠던 한강변은 이제 시민의 일상적 쉼터가 되었고 복개되었던 청계천은 다시 물길을 되찾았다. 멈춰 있던 도시의 시간들이 조경을 통해 다시 흐르기 시작한 것이다.

조경은 땅의 질서를 세우고 그 위에 사람의 기억과 감각이 쌓이며 경관이 된다. 시간이 흐르며 형태는 변하고 경험은 그 위에 새로운 의미를 더한다. 조경은 살아 숨 쉬는 재료로 변화를 설계하는 일이다. 심은 것은 자라고, 계절은 바뀌며, 사람들은 그 안에서 각자의 이야기를 만든다. 건축이 형태의 완결을 추구한다면 조경은 흐름 속의 균형을 그린다. 10년, 20년 후를 상상하며 지금 씨앗을 뿌리는 일이다.

그렇게 만들어진 도시는 여러 겹의 이야기로 이루어져 있다. 아침 출근길 가로수 그늘의 서늘함 안에는 수많은 의미가 겹쳐 있다. 새의 쉼터이자, 우연히 마주친 이웃의 인사, 오래전 사람이 남긴 흔적 그리고 상가의 활기와 온도 저감의 과학까지. 감각과 생태, 문화와 경제, 역사와 과학이 한 장면에 포개져 있다. 그 모든 결이 겹쳐질 때, 비로소 하나의 경관이 된다. 층층이 쌓인 의미를 읽어낼 수 있을 때 도시는 전혀 다른 세계로 보인다.

그러나 지금 도시의 풍경은 새로운 시험대에 서 있다. 기후 위기로 도시는 점점 더워지고, 폭우가 쏟아지면 거리가 잠긴다. 생물다양성은 줄고, 사회적 고립은 깊어진다.

이런 시대에 조경은 도시의 회복탄력성을 키우는 생존의 인프라가 된다. 물이 머물고, 바람이 흐르고, 사람이 다시 모이는 곳. 그곳에서 도시는 스스로를 회복한다. 그 순환 구조가 곧 회복의 토대이며, 조경이 만드는 새로운 질서다.

연구에 따르면 공원에서 20분만 머물러도 스트레스 호르몬이 현저히 감소한다. 아침 산책을 나선 노인이 정원에서 이웃과 인사를 나누고, 직장인이 점심시간에 벤치에 앉아 잠시 쉬어간다. 주말 오후, 한강 잔디밭에 누운 가족은 하늘을 올려다보며 숨을 고른다. 작은 쉼표들이 쌓여 삶의 리듬이 회복된다.

그 사이 자연에서는 또 다른 회복이 일어난다. 콘크리트 틈으로 스며든 빗물이 지하수를 채우고, 공원에 사라졌던 새들이 돌아온다. 끊어졌던 생명의 통로가 조금씩 이어진다.

조경은 동네를 바꾸고 도시의 리듬을 설계한다. 빠르게 흐르는 속도를 늦추고, 멈춰 숨 쉴 여백을 만든다. 그 리듬은 사람들의 걸음과 감각 속에서 완성된다.

도시는 끊임없이 변한다. 그 속에서도 변하지 않는 것이 있다. 우리는 도시를 통해 자신을 발견하고, 미래를 상상하며, 더 나은 삶을 꿈꾼다. 도시는 더 이상 설계자나 전문가의 전유물이 아니다. 매일 걷고, 숨 쉬고, 경험하며 도시를 함께 만들어가는 사람들의 것이다.

같은 길을 걸어도 조금 다른 것들이 보일 것이다. 왜 어떤 거리는 편안하고, 어떤 공원이 마음을 끄는지 이해하게 될 것이다. 경관 속에 숨어 있는 이야기를 듣고, 온몸으로 경험하는 일.

조경은 우리 곁의 가까운 자연이다. 그 자연을 발견하는 여정이 지금 시작된다.

차례

**Prologue**
살기 좋은 도시는 우연히 만들어지지 않는다     34

**PART 1**
# 우리가 몰랐던 조경

**CHAPTER 1**
가로수와 시민공원 뒤에 숨겨진 설계     47

**CHAPTER 2**
경의선숲길을 여섯 배 더 즐기는 법     58

**CHAPTER 3**
요즘 북촌이 지루해진 이유     68

**CHAPTER 4**
조경가의 눈으로 본 선유도공원     78

**CHAPTER 5**
혐오시설을 랜드마크로 만드는 법     88

**CHAPTER 6**
금싸라기 땅에 공원을 지은 이유     103

**PART 2**

# 조경이 도시를 바꾸는 방법

**CHAPTER 7**
감각 머물고 싶은 공간의 비밀     119

**CHAPTER 8**
생태 새 한 마리가 남산에서 북한산까지 가는 법     129

**CHAPTER 9**
문화 정원은 공동체를 싹틔운다     141

**CHAPTER 10**
역사 경주와 로마가 문화유산을 대하는 법     155

**CHAPTER 11**
경제 조경된 공간은 지갑을 열게 한다     170

**CHAPTER 12**
과학 의사와 경찰 대신 도시를 지키는 조경     188

## PART 3
# 아픈 도시는 조경을 찾는다

**CHAPTER 13**
자연에 맞서지 않고 협력하기    201

**CHAPTER 14**
강남이 침수될 때 광화문은 멀쩡한 이유    213

**CHAPTER 15**
도시 문제 대부분은 관계 단절에서 온다    228

**CHAPTER 16**
조경은 비용이 아니라 투자다    238

**CHAPTER 17**
노인에겐 병원보다 정원이 필요하다    249

**CHAPTER 18**
조경이 기억을 다루는 방법    260


**Epilogue**
모두가 나무 그늘 아래 앉을 권리가 있다    272

# PART 1

# 우리가 몰랐던 조경

경관은 보이는 풍경 그 이상이다.
다시 흐르기 시작한 하천, 시간이 지나며
자리 잡은 공원이 만드는 변화가 쌓여
도시의 언어가 되고, 우리는 그 언어를 통해
도시를 이해한다.
경관은 감각과 정서, 기억이 어우러진
통합적 경험이다.

**CHAPTER 1**    가로수와 시민공원 뒤에 숨겨진 설계

한여름 서울 도심의 아스팔트 온도는 50도다. 반면 바로 옆 가로수가 있는 길의 온도는 35도다. 이 15도의 차이가 도시에서 보행 경험을 완전히 바꿔놓는다.

흔히 나무 그늘 때문이라고 생각하기 쉽다. 하지만 똑같은 크기의 느티나무가 심어진 길인데도 어느 곳은 시원한 그늘을 만들고, 다른 곳은 여전히 뜨겁다. 온도의 차이를 만드는 진짜 이유는 '나무의 존재' 자체가 아니라 '설계 방식'에 있다. 나무의 크기와 종류, 심는 간격과 위치, 바람의 방향, 주변 건물과의 관계. 이 모든 요소들이 종합적으로 고려될 때 비로소 확실한 온도 차이가 만들어진다. 그저 나무만 많이 심는다고 해서 도시가 쾌적해지지는 않는다. 도시의 쾌적함과 불편함을 결정하는 것은 화려한 건축물도, 넓은 도로도 아니다. 그것은 바로 눈에 보이지 않는 정교한 설계다.

우리 발걸음이 자연스럽게 향하는 그 길에는 누군가의 고민과 배려가 담겨 있다. 안타깝게도 이런 배려와 가치를 알아보는 사

람이 많지는 않다. 그래서 이런 고민은 '있으면 좋지만 없어도 되는 것'처럼 취급되기 쉽다. 하지만 이것이야말로 우리 삶의 질을 근본적으로 좌우하는 핵심 인프라다. 같은 아파트라도 조경 설계에 따라 집값이 달라지고 같은 상권이라도 가로환경에 따라 매출이 달라지는 이유가 여기에 있다. 우리가 매일 지나치면서도 미처 알아차리지 못했던 도시 속 비밀들. 언뜻 평범해 보이는 이 공간에 숨겨진 변화들을 발견해보자.

## 가로수가 만드는 작은 변화

같은 거리를 걸어도 길마다 느낌이 다르다. 같은 시간, 같은 날씨인데도 숨이 덜 차고 땀이 덜 나는 길이 있다. 공기가 다르게 느껴지고 걸음이 한결 가벼워지는 길이 있는가 하면, 이유 없이 빨리 벗어나고 싶은 길도 있다. 사람들은 대부분 이런 차이를 단순히 '기분' 탓으로 돌린다. 하지만 모든 감정에는 원인이 있다. 길에 따라 기분이 달라지는 이유는 사실 공간이 주는 차이 때문이다.

한여름 아침, 도로 위로 열기가 아지랑이처럼 피어오르고 자동차 매연까지 겹쳐진다. 숨이 답답해지는 순간, 가로수가 울창하게 드리운 거리로 접어들면 공기가 확연히 달라진다. 나무 그늘 아래의 온도는 실제로 더 낮다. 잎사귀 사이로 스며드는 햇살은 눈부시지 않고 바람은 더 시원하게 느껴진다. 도로 양옆에 줄지어 선 가로수들이 도시의 공기와 온도를 조율하며 우리의 몸과 마음에

변화를 일으키고 있는 것이다.

　가로수의 역할은 그늘을 만드는 데만 그치지 않는다. 느티나무나 플라타너스가 만들어내는 녹색 터널을 떠올려보자. 가지가 서로 얽혀 하늘을 가리는 천장을 이루고, 나뭇잎들은 햇빛을 차단하는 동시에 증산작용을 통해 주변의 열을 흡수한다. 나무는 뿌리에서 흡수한 물을 잎으로 내보내면서 주변 공기를 식힌다. 이 과정은 에어컨과 비슷한 효과를 내지만 전기를 소모하지 않는다. 게다가 나무의 잎과 줄기는 미세먼지를 흡착하고 이산화탄소를 흡수한다. 덕분에 가로수길은 천연 공기청정기처럼 기능하며, 그 길을 걷는 사람의 숨결은 한결 편해진다.

　겨울에도 가로수는 중요한 역할을 한다. 북서풍을 막아주는 '자연 방풍벽'이 되는 것이다. 상록수는 한겨울에도 푸른 잎을 유지하며 찬바람을 차단하고 낙엽수는 잎을 모두 떨군 뒤에도 가지와 줄기만으로도 바람을 약화시킨다. 체감 온도를 바꿀 뿐만 아니라 건조한 바람을 줄여 도심 속에서 조금이나마 따뜻함을 느끼게 한다.

　시각적인 효과도 크다. 지하철 출구를 나오면 갑작스레 마주하는 강한 햇빛에 눈이 부실 때가 있다. 가로수의 녹색은 그 충격을 완화한다. 사람들의 시선은 자연스럽게 나무 그늘로 향하고, 그 순간 눈은 편안해진다. 높은 건물이 빼곡한 도심에서 우뚝 선 나무들은 빌딩 숲이 주는 압박감을 덜어주고 공간에 숨 쉴 틈을 만들어낸다. 나무 아래의 관목들은 차도와 인도 사이를 부드럽게 나누어 걷는 사람들에게 안전감을 준다.

　이렇듯 가로수는 우리의 감각에 직접적으로 작용한다. 온도,

공기, 바람, 빛 그리고 시각적 여유까지. 작은 변화들이 모여 길 위에서 느끼는 전체적인 경험을 형성한다. 우리는 매일 이 길을 지나치면서도 그것을 잘 의식하지 못한다. 하지만 그 순간에도 나무들은 묵묵히 도시의 환경을 바꾸고, 우리의 몸과 마음을 지켜주고 있다. 우리가 알아채지 못할 뿐이다.

### 빌딩 속 정원, 도시의 또 다른 풍경

서울 용산 한복판, 높은 임대료의 빌딩 숲 사이에 뜻밖의 풍경이 있다. 바로 아모레퍼시픽 본사 건물 안에서 만나는 정원이다. 사람들은 건물 내부에서 예상치 못한 휴식과 녹음을 마주한다.

건물 1층에 들어서면 웅장한 아트리움이 시선을 압도한다. 투명한 유리 천장을 통해 쏟아지는 햇살이 거대한 내부 공간을 가득 채우고 곳곳에 놓인 식물들이 싱그러운 분위기를 만든다. 밀도 높은 도심에서 드물게 느낄 수 있는 탁 트인 개방감과 시원한 공기에 방문객은 청량함을 느낀다. 이 건물은 한국 전통 미학을 바탕으로 설계되었다. 외관은 조선시대 백자 달항아리에서 영감을 받았고, 내부는 한옥의 'ㅁ'자형 중정을 현대적으로 재해석했다. 건축과 조경이 어우러져 도시와 자연이 소통하는 특별한 무대를 만든 것이다.

특히 주목할 만한 공간은 세 개의 중정(5층, 11층, 17층)이다. 각 정원은 층마다 다른 일조 조건과 바람의 세기에 맞춰 식재를 달리했다. 또한 사계절 내내 생동감 있는 풍경을 유지하기 위해 상록수와 낙엽수의 비율도 세심하게 고려되었다. 가장 규모가 큰 5층 중정에는 남산의 스카이라인을 모티프로 한 완만한 언덕이 조성되어 있다. 직선적인 건축 구조와 달리 자유롭게 흐르는 곡선의 언덕에는 청단풍과 줄사철이 어우러지고 중앙에는 하늘을 비추는 얕은 연못이 놓였다.

11층 루프가든에서는 도심 전경이 한눈에 들어온다. 빽빽한 건물 사이에서 만나는 녹음은 인근 호텔의 시티뷰와는 다른, 여유롭고 따뜻한 전망을 제공한다. 처음 찾은 사람들은 "도심 안에 이런 풍경이 숨어 있었나"라며 놀라움을 감추지 못한다. 17층 중정은 남산과 용산공원으로 이어지는 도시의 풍경선을 한눈에 담는다. 완만한 마운딩과 거울 연못, 낮은 관목들이 어우러져 개방감을 더한다. 향후 개방될 용산공원과의 시각적 연결성까지 고려된 이 공간은 건물이 도시 생태 네트워크의 거점으로 기능할 가능성을 보여준다.

점심시간이 되면 풍경은 한층 더 살아난다. 주변 사무실에서 나온 직장인들이 아트리움과 정원 곳곳을 채운다. 도시락을 꺼내 들고 앉아 식사를 하는 사람, 잠시 눈을 감고 휴식을 취하는 사람, 동료들과 담소를 나누는 사람들이 어우러진다. 아침 출근길에 잔뜩 굳어 있던 표정은 사라지고 여유와 평온이 얼굴에 번진다. 높은 천장과 자연광은 심리적 안정감을 주고 식물은 공기질을 개선하며 적절한 습도를 유지한다. 짧은 시간이지만 자연과의 접촉이 직장인들의 하루를 달라지게 만드는 순간이다.

금싸라기 땅에 넓은 면적을 정원으로 만든 결단은 쉬운 일이 아니었다. 하지만 그 결정은 도시 한가운데에서 자연을 경험하는 새로운 방식을 택한 것이다. 자연과 도시, 사람과 공간이 교차하는 이 건물은 한 기업의 본사를 넘어 도시 속 공공적 실험실로 기능한다.

## 집으로 가는 길이 달라지는 순간

하루 일과를 마치고 집으로 향하는 길을 떠올려보자. 지친 몸으로 돌아오던 중에도 집이 가까워질수록 어깨가 내려가고 호흡이 편안해진 경험이 있을 것이다. '드디어 집에 왔다'는 안도감은 아파트라는 물리적 공간에 도착했다는 사실만으로는 설명되지 않는다. 그 감정은 공간이 주는 신호와 배려에서 비롯된다. 특히 조경이 얼마나 세심하게 고려되었는지도 영향을 미친다.

서울의 한 대단지 아파트는 그 답을 잘 보여준다. 조성 당시부터 조경에 상당한 예산과 노력을 투입한 이곳은 정문부터 다르다. 대부분 아파트 단지의 정문은 보안실과 표지판만 있는 기능적 공간이지만, 이 단지의 정문은 작은 정원처럼 꾸며졌다. 입구에 들어서면 넓은 잔디밭과 계절마다 다른 꽃들이 눈에 들어오고, 자연석과 목재로 만든 산책로는 작은 연못과 초록빛 공간으로 이어진다. 곳곳에 자리한 나무와 벤치 덕분에 발걸음은 저절로 느려진다. 주민들이 직접 가꾸는 텃밭, 반려동물 놀이터, 옥상정원까지 더해져 단지 전체가 하나의 큰 공원처럼 느껴진다.

동선 설계도 특별하다. 대부분의 아파트가 각 동으로 가는 최단 거리를 직선으로 연결해 효율성을 중시하는 것과 달리 이 단지는 완만한 S자 곡선으로 산책로를 이어놓았다.

처음에는 "왜 불편하게 만들었을까?" 싶지만, 걷다 보면 금세 이해된다. 직선 길은 목적지가 뻔히 보이기 때문에 걸음이 빨라지지만, 곡선 길은 다음 코너 너머에 무엇이 있을지 기대하게 하며 보행 속도를 자연스럽게 늦춘다. 하루 종일 빠른 속도로 살아온 직장인들이 집에 들어서면서 마음의 속도를 늦출 수 있도록 설계된 것이다.

길 양옆으로 선 나무들은 계절마다 다른 꽃을 피운다. 봄에는 벚꽃과 이팝나무, 여름에는 배롱나무, 가을에는 단풍나무가 각각의 빛깔을 뽐내고 겨울에는 상록수가 변함없이 푸른빛을 유지한다. 이는 미적인 기능뿐만 아니라 인공적인 주거 환경 속에서도 계절의 흐름을 잊지 않도록 계획된 장치다. 계절감을 느끼는 순간 도시 생활의 피로가 완화되고 아이들은 자연의 변화를 배우며, 어르신들은 사계절의 순환을 몸으로 체험한다.

밤이 되면 또 다른 장면이 펼쳐진다. 대부분의 단지에서는 높은 조명이 강한 불빛으로 공간 전체를 환하게 밝히지만 이곳은 다르다. 산책로와 나무 사이사이에 배치된 낮은 조명들이 은은한 빛을 흘리며 따뜻한 분위기를 만든다. 나무의 질감과 그림자, 꽃의 색깔까지 고려한 빛의 배치에는 전문가들의 섬세한 계획과 협업이 있었다. 계절별 변화에 맞춰 각도와 색온도를 조절한 덕분에, 주민들은 낮과는 전혀 다른 야간 풍경을 즐길 수 있다.

이 모든 배려는 결국 삶의 질을 높이고 부동산 가치를 올린다. 같은 브랜드, 같은 평수, 같은 입지 조건이라도 조경이 차이를 만든다. 실제로 이 단지의 제곱미터당 가격은 인근 유사 단지보다 높게 형성되었다. 입주민 만족도 조사에서도 조경 부분이 가장 높은 점수를 받았다. 주민들이 꼽은 가장 큰 만족 포인트는 "집값이 올랐다"가 아니라 "집에 들어서는 순간부터 마음이 달라진다"는 점이었다. 집으로 가는 길이 평범한 이동이 아니라 휴식과 회복으로 이어지는 과정이 된 것이다.

## 공원은 어떻게 설계되는가

여의도한강공원은 서울에서도 특별한 공간이다. 정치·금융·언론의 중심지 한복판에서 만나는 자연이기 때문이다. 주말 아침, 공원의 분위기는 평일과 전혀 다르다. 서둘러야 할 이유도, 도착해야 할 시간도 없다. 사람들은 천천히 강변을 향해 걸어간다.

흥미로운 점은 이렇게 많은 사람이 모여도 크게 혼잡하지 않다는 것이다. 햇살 좋은 주말 오후에도 자전거를 타는 사람, 러닝 크루, 산책하는 주민들, 돗자리를 펴고 소풍을 즐기는 가족들이 서로 방해받지 않고 어우러진다. 어떻게 이런 조화가 가능할까?

답은 절묘한 분리와 연결에 있다. 가장 눈에 띄는 것은 자전거도로와 보행로가 완벽히 분리된 점이다. 각각의 길은 재질과 높이까지 다르게 하여 자전거 도로는 매끄러운 아스팔트로, 보행로는 미끄럼 방지 기능이 있는 포장재로 만들었다. 푸른색은 자전거 도로이고 갈색은 보행로로 색깔도 달라 멀리서도 용도를 직관적으로 알 수 있다. 이는 '유니버설 디자인(모든 사람이 편리하게 쓸 수 있도록 설계하는 원리)'이 적용된 결과다. 별도의 단속이나 안내방송 없이도 질서가 유지되는 이유다.

　공원 중앙의 물빛광장 역시 같은 지향점을 보여준다. 여의도 공원에서 한강으로 이어지는 대형 수경공간은 여름에는 아이들의 놀이터가 되고 겨울에는 이벤트장이 된다. 지하철역에서 물빛광장까지 이어지는 '피아노 물길'도 흥미롭다. 한강의 다리와 명소를 축소해 새겨 넣어 아이들은 징검다리를 건너며 지리를 배우고, 어른들은 어린 시절의 기억을 떠올린다.

　잔디밭 곳곳에 심은 나무들도 설계 의도를 품고 있다. 큰 나무는 잔디밭 가장자리에 심어 그늘과 바람막이를 제공하고, 작은 나무는 산책로 중간에 배치해 걷는 리듬을 바꿔준다. 마치 악보의 쉼표처럼 공간에 호흡을 불어넣는다.

　공원과 도로 경계에 조성된 참나무 숲은 겉보기에 자연스러운 숲 같지만 사실은 환경적 기능을 부여한 '버퍼 숲'이다. 공해에 강하고 미세먼지를 잘 흡착하는 참나무를 선택해 도로변 오염을 30% 이상 줄였다. 우리가 '공기가 맑다'고 느끼는 순간에는 이런 과학적 근거가 숨어 있다.

　한강변의 자연형 호안도 마찬가지다. 기존 콘크리트 제방을 허물고 버드나무와 갈대를 새로 심어 퇴적과 식생대 형성을 유도했다. 이는 미관 개선뿐만 아니라 홍수 시 충격 완화, 수질 정화, 서식지 제공 등 복합적인 효과를 내는 설계다. 장기적으로는 한강의 생태 건강성을 회복하려는 비전을 담고 있다.

　사계절의 매력을 느낄 수 있게 한 것 역시 설계의 일부다. 봄에는 벚꽃이 흐드러지게 피고, 여름에는 짙은 녹음이 더위를 식히며 가을에는 노란 단풍이 강물 위에 내려앉는다. 겨울에도 공원은 황량하지 않다. 상록수의 푸른빛과 황금빛 갈대가 어우러져 생기를 더한다. 도심 속에서 계절의 리듬을 잃지 않도록 의도한 결과다.

한강공원에서 느끼는 치유 효과도 우연이 아니다. 물소리는 백색소음으로 작용하고, 새소리는 생명력을 일깨운다. 강바람은 스트레스 호르몬 분비를 줄여 심리적 안정감을 준다. 무엇보다 이곳은 '시간의 여유'를 제공한다. 도심에서는 늘 시계를 보며 서두르지만, 공원에 들어서는 순간 시간은 느리게 흐른다. 급할 것도, 서두를 것도 없는 공간. 그 여유가 곧 회복의 힘이 된다.

결국 여의도한강공원이 주는 편안함은 저절로 생긴 것이 아니다. 모든 동선, 식재, 공간은 치밀한 계산과 배려 속에서 만들어졌다. 우리가 무심코 즐기는 휴식 뒤에는 조경가들의 설계가 숨어 있는 것이다.

## 도시에 숨어 있는 작은 배려들

우리 주변의 일상 공간들에는 공통점이 있다. '예쁘게' 혹은 '기능적으로만' 만든 것이 아니라 사람을 먼저 생각한다는 점이다. 가로수의 위치와 수종 선택에는 그늘과 바람길을 만드는 계산이 반영되었다. 벤치의 각도와 높이에는 다양한 연령대와 신체 조건을 고려한 세심함이 담겨 있다. 조명의 밝기와 색온도에도 안전성과 아름다움을 동시에 추구하는 의도가 깃들어 있다.

출근길에 마주하는 지하철 출구의 느티나무가 없다면, 그 길은 수많은 출구 중 하나에 불과했을 것이다. 아모레퍼시픽 본사에 중정이 없다면, 그곳은 빛과 바람이 닿지 않는 평범한 사무건물에 지나지 않았을 것이다. 그러나 자연이 들어서는 순간, 그 공간은 특별해진다. 사람들의 기억에 남고, 다시 찾고 싶은 곳이 되며, 삶의 질을 높여주는 터전으로 바뀐다.

이 모든 경험을 하나로 묶는 이름이 있다. '경관'이다. 조경은 설계자의 행위이고, 경관은 시민이 체험하는 결과다. 조경가는 장소의 철학과 의도를 공간에 담고, 시민은 그 공간에서 감각·생태·역사·문화·경제·과학의 여섯 층을 통해 경관을 경험한다. 이 책은 조경을 도면과 공법이 아니라, 시민이 체험하는 경관의 여섯 층으로 읽어내며 그 가치를 설명한다. 다시 말해, 조경이 만든 경관은 우리의 일상 속에서 작동하며, 사람들에게 치유와 배움, 교류와 활력을 불어넣는다.

경관은 보이는 풍경 그 이상이다. 다시 흐르기 시작한 하천, 시간이 지나며 자리 잡은 공원이 만드는 변화가 쌓여 도시의 언어가 되고, 우리는 그 언어를 통해 도시를 이해한다. 경관은 감각과 정서, 기억이 어우러진 통합적 경험이다.

우리가 매일 걷는 길에도 이런 경관이 있다. 출근길 지하철 계단 옆 녹지, 점심시간에 산책하는 가로수길, 퇴근 후 들르는 공원. 그곳의 나무는 계절마다 다른 빛을 드리우고 화단의 풀들은 비를 머금으며 자라며 벤치는 지친 이에게 잠시 쉬어갈 자리를 내어준다. 우리는 이미 그 안에서 살고 있다. 다만 의식하지 못했을 뿐이다. 익숙함 때문에 보이지 않던 것들이 보이기 시작할 때, 도시는 다른 언어로 말을 건넨다.

CHAPTER 2　경의선숲길을

여섯 배

더 즐기는 법

같은 크기의 공원인데 한 곳은 사람들로 북적이고 다른 곳은 한산하다. 같은 거리를 걸어도 한 길에서는 걸음이 느려지고, 다른 길에서는 빨리 지나치고 싶어진다. 무엇이 이 차이를 만드는가. 그 차이는 공간을 구성하는 경관이 시민의 일상에서 어떻게 경험으로 이어지느냐에 달려 있다.

　앞서 말한 경관의 여섯 층ㅡ감각·생태·역사·문화·경제·과학ㅡ은 추상적인 개념이 아니다. 실제 도시 공간에서 구체적으로 드러나며 우리의 발걸음을 붙잡거나 시선을 돌리게 만든다. 나무 그늘 아래에서 잠시 쉬는 순간, 오래된 골목에서 과거를 마주하는 경험, 활기찬 광장에서 이웃과 스치는 장면 모두가 경관이다. 이런 순간들이 모여 도시의 기억을 만들고, 때로는 우리의 삶의 태도까지 바꿔놓는다.

　이제부터는 그 여섯 층이 어떻게 현실의 공간 속에서 드러나는지 살펴보려 한다. 첫 번째 무대는 서울의 경의선숲길이다.

## 철길이 숲길로 바뀌는 조경가의 시선

　서울 마포구에서 용산구까지 6.3킬로미터를 잇던 철길이 있었다. 일제강점기에 건설되어 경성과 신의주를 연결하던 경의선의 일부였다. 100년 넘게 사람과 물자를 실어 나르던 이 길은 2004년 지하화 공사로 제 역할을 잃고 도심 한가운데 버려졌다.

　철길이 사라진 자리에는 다양한 구상이 제안되었다. 도로를 넓히자는 계획, 상업 시설을 짓자는 개발안, 거대한 주차장을 만들자는 의견까지. 대부분은 '빈 땅을 어떻게 수익화할 것인가'에 집중했다. 그러나 조경가들은 다른 풍경을 보았다. 낡은 철길을 버려진 유휴부지가 아니라, 도시민의 삶을 바꾸는 새로운 가능성으로 본 것이다.

　서울숲을 설계했던 동심원 조경기술사사무소는 이 폐철로를 '과거와 현재를 이어주는 축'으로 바라보았다. 아이디어의 핵심은 '보존과 재생의 조화'였다. 단순히 오래된 철길을 철거하는 대신, 그 위에 새로운 의미와 기능을 얹는 방식이었다. 철도의 침목과 자갈은 일부 남겨 과거의 기억을 되살렸고, 낡은 교량은 전망대와 산책길로 다시 태어났다. 시간의 흔적을 지우는 대신 시민들이 걸으며 그 역사와 마주할 수 있게 한 것이다.

　숲길은 주변 지역과의 관계 속에서 더욱 힘을 얻었다. 홍대 앞의 활기찬 문화와 연남동의 조용한 주거지가 숲길을 통해 자연스럽게 이어졌다. 예전에는 서로 다른 성격의 동네였지만 철길이 숲길로 바뀌면서 오히려 차이를 연결하는 촉매가 되었다. 이 과정에서 경의선숲길은 기존 공원의 틀을 넘어 도시 조직에 새로운 차원을 더하는 축이 되었다.

식재 계획에도 조경가의 세심한 시선이 담겼다. 선로를 따라 계절마다 다른 풍경이 펼쳐지도록 구간별로 수종을 달리했다. 연남동 구간에는 은행나무를 심어 가을이면 황금빛 터널을 연출했고, 신수·대흥·염리동 구간에는 메타세쿼이아와 느티나무 숲을 조성해 한여름의 짙은 녹음을 경험하게 했다. 대흥동 일대에는 봄꽃을 집중 배치해 계절감을 극대화했다. 시민들이 계절의 변화를 걸으며 체감할 수 있도록 의도한 것이다.

또한 시간의 흐름까지 설계의 일부로 삼았다. 나무들이 자라면서 10년, 20년 뒤 이곳의 모습이 어떻게 바뀔지 주변 건물들과 어떤 관계를 맺게 될지까지 미리 구상했다. 조경은 현재의 경관만 만드는 일이 아니라 시간이 쌓이며 변해가는 과정을 함께 설계하는 작업이라는 점을 잘 보여준다.

경의선숲길은 단절된 녹지를 잇는 생태적 통로로서도 의미가 크다. 교목, 아교목, 관목, 초본이 층을 이루며 다양한 서식지를 제공한다. 이곳은 도시의 텃새가 번식하는 공간이자 철새들의 쉼터가 되었다. 사람에게는 산책로이자 생활의 공간이지만, 동시에 동식물에는 생명의 길이 되는 것이다.

무엇보다 중요한 것은 이 길이 특별한 기념비가 아니라 시민의 일상에 자연스럽게 스며드는 생활 공간으로 자리 잡았다는 점이다. 출퇴근길에 잠시 걷고 주말에 가족과 산책하며, 아이들이 자전거를 타는 모습이 일상이 되었다. 과거의 철길은 더 이상 단절과 소외의 상징이 아니라, 연결과 회복의 무대가 되었다.

## 여러 명의 전문가, 하나의 경관

도시 속 큰 프로젝트는 결코 혼자 힘으로 완성되지 않는다. 경의선숲길 역시 마찬가지였다. 조경, 건축, 토목, 도시계획 등 여러 분야 전문가들의 협력이 필요했다. 흥미로운 점은 각 분야 전문가들이 생각하는 우선순위가 달랐다는 사실이다. 건축가는 구조적 안정성을, 토목공학자는 하중과 안전을, 도시계획가는 효율과 배치를 먼저 고민했다. 그렇다면 조경은 무엇을 고민했을까? 그리고 어떻게 이 다양한 관점을 하나로 묶어 '살아 있는 경관'으로 만들어냈을까?

조경의 특별함은 '살아 있는 재료'를 다룬다는 데 있다. 나무와 풀이 자라고 물이 흐르며, 계절이 바뀌고, 시간이 흐름에 따라 공간이 달라지는 과정을 계획의 일부로 포함한다. 다시 말해, 조경은 완성된 결과물이 아니라 끊임없이 변해가는 '미완성'을 설계한다.

경의선숲길 조성 과정에서 전체 조경의 마스터플랜을 세우며 시민의 일상 경험을 중심에 두었다. 시간적 변화, 생태적 회복, 문화적 맥락이 서로 어우러지는 공간 비전을 그린 것이다. 물론 건축·토목·도시계획 전문가들의 협력이 필수적이었다. 그러나 조경이 가진 강점은 자연과 인간의 관계를 공간적으로 구현하고, 다양한 조건들을 하나의 서사로 엮어내는 데 있었다. 단편적인 기술적 요구를 충족하는 차원을 넘어 어떻게 하면 사람들에게 감동을 줄 수 있을지, 어떻게 하면 도시와 자연의 균형을 회복할 수 있을지, 어떻게 하면 지역의 기억과 정체성을 담아낼 수 있을지를 고민하는 접근이 바로 조경의 방식이었다.

예컨대 기존 철로의 침목을 남겨둔 것은 역사적 흔적을 보존하기 위해서만은 아니었다. 그 자리에 서는 사람들이 과거의 시간을 느끼고 도시의 변화를 이해하며, 현재와 미래를 연결 짓도록 하는 문화적 장치였다. 식재 계획 역시 녹지를 늘리는 데 그치지 않았다. 계절마다 변하는 수종을 배치해 시민들이 일상에서 자연의 리듬을 체감할 수 있게 하고, 동시에 도시 생태계의 건강성을 회복하는 전략을 담았다.

이처럼 조경은 여러 분야가 제시한 요소들을 하나의 틀 속에서 연결하고 조율하는 역할을 맡았다. 건축물이 시간이 흐를수록 낡고 마모되는 반면, 조경 공간은 시간이 흐를수록 성숙하고 새로운 아름다움을 더한다. 처음에는 앳된 모습으로 심겨 있던 나무들이 시간이 지나 숲을 이루고 계절마다 다른 색과 향기를 내며 공간은 매년 새로운 얼굴을 드러낸다. 조경은 바로 그 장기적 변화를 설계 속에 미리 담아두고 변화가 곧 가치를 키우는 힘이 되도록 만드는 것이다.

## 경관을 창조하는 여섯 가지 전략

의미 있는 경관은 저절로 만들어지지 않는다. 사람들의 마음을 움직이는 경관을 만들기 위해서는 감각적 경험, 생태적 기능, 문화적 의미, 역사적 맥락, 경제적 가치, 과학적 근거라는 여섯 차원을 동시에 고려해야 한다. 이 요소들이 유기적으로 얽힐 때 비로소 풍부하고 지속 가능한 경관이 완성된다.

이 공간에서 시민은 무엇을 느끼게 될까. 감각적 경험은 경관을 설계할 때 가장 먼저 떠올려야 하는 질문이다. 겉으로 드러나는 미적 요소에 그치지 않고, 오감을 통한 총체적 체험을 담아내야 한다. 경의선숲길의 직선 산책로는 시각적으로 시원한 개방감을 주고, 간결하고 명확한 구조는 도시의 복잡한 시각 정보를 덜어 눈을 편안하게 한다. 청각적으로는 교통 소음을 줄이고 자연의 소리를 부각하기 위해 밀도 있는 수목을 배치했다. 바람에 흔들리는 나뭇잎 소리와 새소리가 자연스럽게 배경음으로 들린다. 촉각적으로는 철로의 거친 질감, 새로 조성된 흙길의 부드러움, 나무 데크의 매끄러움이 서로 다른 걷기 경험을 제공한다. 후각적으로는 계절마다 꽃향기, 짙은 녹음 냄새, 낙엽의 향기가 시민에게 시간을 감각적으로 체험하게 한다.

생태적 기능은 경관의 근본이다. 경의선숲길은 서울에서 단절된 녹지를 잇는 생태 통로로, 한강과 북한산을 연결하는 도시 생태축의 일부다. 토양 개량과 복원 작업을 통해 오랫동안 철로였던 땅이 다시 생명을 품을 수 있도록 했다.

홍대 지역의 자유로운 문화는 숲길 위에서 확장되었다. 문화적 의미는 이렇게 지역의 이야기를 넓히는 데 있다. 사진, 반려동물, 운동 같은 생활문화가 숲길을 배경으로 성장하며 새로운 정체성을 만들었다. 설계자는 공간을 '문화적 촉매'로 작동시켰고, 그 결과 시민들은 일상에서 문화를 공유하고 재생산하게 되었다.

이처럼 감각·생태·문화는 일상에서 서로 얽히며 새로운 경관의 토대를 만든다. 경관은 과거를 단절시키지 않고 현재와 연결한다. 역사적 맥락은 경의선 100년의 흔적을 형식적 보존에 머무는 것이 아니라, 시민의 삶 속에서 살아 있는 기억으로 이어지도록 하는 것이다. 철로의 침목과 구조물을 새로운 기능으로 전환하여 과거의 흔적이 현재의 체험 속에 자연스럽게 녹아들도록 했다. 시민은 이곳에서 도시의 변화를 이해하고, 시간의 연속성과 안정감을 경험한다.

공간은 지역사회에 현실적인 효과도 남긴다. 경제적 가치는 경의선숲길이 보여준 가장 눈에 띄는 결과다. 연남동은 숲길 이후 카페와 갤러리가 늘어나 독립적인 문화 상권으로 성장했다. 동시에 연간 수백만 명이 찾는 대표적인 도보 관광 코스가 되었고, 외국인 관광객에게는 홍대 문화와 자연을 함께 체험할 수 있는 공간으로 인식되었다. 그러나 설계 의도는 경제적 효과에만 국한되지 않았다. 젠트리피케이션 같은 부작용을 최소화하며 지역 전체가 함께 발전할 수 있는 모델을 지향했다.

마지막으로 과학적 근거다. 경의선숲길의 대기 정화, 온도 조절, 소음 저감, 생물다양성 증진 효과는 모두 정량적으로 평가된다.

식재 계획 역시 수종의 생리학적 특성과 생태적 조건, 기후적응성을 종합적으로 검토해 수립되었다. 시민 건강에 미치는 영향 또한 환경심리학과 산림치유학의 연구 결과를 바탕으로 반영했다. 과학적 접근은 프로젝트의 효과를 객관적으로 입증하고, 장기적 관리와 개선의 근거가 된다.

여섯 가지 전략은 따로 작동하지 않는다. 감각적 쾌적함은 과학적 환경 개선과 이어지고, 문화적 활동은 경제적 가치를 낳으며, 생태적 건강성은 역사적 연속성과 만나 미래의 가능성을 연다. 이처럼 다층적이고 통합적인 접근이 경관의 진정한 힘이다.

## 철학이 일상이 되는 순간

홍대입구역에서 연남동 쪽을 향해 걸어보자. 은행나무 가로수길을 지나 경의선숲길 입구에 들어서는 순간, 도시의 소음이 확연히 줄어든다. 발아래에는 옛 철로의 자갈이 남아 있어, 발걸음마다 바스락거리는 소리가 과거의 흔적을 들려준다. "여기가 정말 철길이었구나" 하는 생각이 절로 든다.

이것이 바로 공간 설계자의 의도가 시민의 일상 경험으로 번역되는 순간이다. 전문가가 고민했던 '보존과 재생의 조화'가 이용자의 몸과 감각 속에서 살아 움직이고 있는 장면이다.

가을이면 은행나무 터널은 황금빛 세상으로 변한다. 바람이 불 때마다 잎사귀가 춤추듯 흩날리고, 떨어진 잎은 길을 덮어 부드러운 융단을 만든다. 우리가 매일 지나는 길에도 계절은 늘 변화를 가져오지만, 그 변화를 의식하지 못한 채 스쳐 지나가기 쉽다. 경의선숲길은 그 미묘한 변화를 의도적으로 강조해 '계절의 시간'을 직접 경험하게 한다.

봄에는 대흥동 일대의 벚꽃이 분홍빛 아치를 이루고, 여름에는 염리동의 메타세쿼이아 숲이 짙은 녹음과 그늘을 제공한다. 세교천을 재현한 물길에서는 도심 한복판에서 듣기 어려운 청량한 물소리가 흘러나온다. 물가에는 새들이 찾아들고, 아이들은 신발을 벗고 물을 튀기며 뛰논다. '자연과 도시의 연결'이라는 비전이 구체적 풍경으로 실현된다.

흥미로운 것은 설계자들이 예상하지 못했던 장면들이다. 와우교 구간의 '땡땡거리'는 SNS 사진 명소가 되었고, 연남동 잔디마당은 반려동물과 시민이 어울리는 놀이터로 자리 잡았다.

연남동은 원래 조용한 주택가였다. 그러나 숲길이 들어선 이후 젊은 층이 모여들고, 골목 곳곳에 작은 카페와 갤러리가 문을 열었다. 오래된 동네 슈퍼 옆에 신생 카페가, 전통 목욕탕 건너편에 작은 전시 공간이 들어서는 모습은 전환기의 긴장과 조화를 동시에 보여준다. 물론 갈등도 있었지만, 경의선숲길이라는 공통의 자산을 매개로 주민과 방문객이 서서히 공존하는 방식을 찾아가고 있다.

이처럼 시민들이 자유롭게 공간을 사용하는 방식은 '시민 참여와 일상성'이라는 설계 원칙의 살아 있는 증거다. 물리적 공간은 조경가가 만들었지만, 그 위에 새로운 문화와 의미를 입히는 것은 시민들의 몫이다. 덕분에 숲길은 평범한 녹지에 머무르지 않고 함께 만들어가는 문화적 무대가 된다.

시간대에 따른 변화도 흥미롭다. 이른 아침에는 조깅하는 사람들이, 점심시간에는 도시락을 든 직장인들이, 저녁 무렵에는 반려견과 산책하는 주민들이, 주말에는 아이들과 나들이 나온 가족들이 풍경을 채운다. 같은 공간이지만 시간에 따라 전혀 다른 표정을 짓는다.

결국 경의선숲길은 전문가의 지향점과 시민의 참여가 만나 완성되는 경관이다. 설계자의 사고방식이 씨앗이라면, 시민의 사용은 그 위에 피어나는 꽃이다. 두 요소가 어우러질 때 도시는 그저 기능적 시설을 넘어 살아 있는 경관으로 거듭난다. 그리고 그 속에서 우리는 일상의 경험이 도시를 어떻게 바꾸고, 또 도시가 우리의 삶을 어떻게 변화시키는지를 발견하게 된다.

# CHAPTER 3

## 요즘 북촌이 지루해진 이유

 도시는 끊임없이 변한다. 새로운 건물이 들어서고, 낡은 공간이 사라지며, 사람들의 생활 방식도 달라진다. 그 과정에서 우리는 많은 것을 얻지만 동시에 많은 것을 잃기도 한다. 한국의 도시들은 급속한 성장 속에서 효율성과 경제성을 최우선의 가치로 삼았다. 편리한 교통망과 현대적 시설을 얻었지만, 전통 공간이 지닌 생태적 지혜와 지역 고유성, 이웃과 소통할 수 있는 장소는 점차 사라졌다. 그러나 아직 늦지 않았다. 전국 곳곳에서 시민들이 만들어가는 작은 변화가 새롭게 움트고 있기 때문이다. 우리가 놓친 것들을 되돌아보는 일은 과거에 대한 미련이 아니라, 같은 실수를 반복하지 않고, 남아 있는 기회를 제대로 활용하기 위한 성찰이다.

 도시 성장 과정에서 우리가 잃어버린 중요한 가치는 무엇일까? 그럼에도 불구하고 여전히 피어나고 있는 희망의 가능성은 무엇일까?

## 사라져가는 것: 북촌 골목길의 변화

　서울 종로구 북촌한옥마을을 걸어본 적이 있다면 독특한 풍경을 목격했을 것이다. 골목 곳곳에 붙은 '관광객 출입 금지' 팻말이다. 2024년 11월부터 시행된 관광 시간 제한 정책은 북촌이 겪고 있는 현실을 보여준다.

　북촌은 조선시대 왕족과 양반이 거주하던 전통 주거지였다. 이곳에 담긴 조경의 지혜는 겉보기에는 소박했으나 치밀했다. 각 집의 마당은 그냥 비워둔 공간이 아니었다. 장마철에는 빗물을 스며들게 하고, 여름에는 나무 그늘과 증산작용으로 집 안을 시원하게 했다. 겨울에는 마당에 쌓인 눈이 천천히 녹으며 지하수를 보충했다. 한옥은 지역의 기후에 따라 달라졌다. 중부지방은 혹독한 겨울을 견디기 위해 폐쇄적 구조를, 남부지방은 무더위와 습기를 피하기 위해 개방적 구조를 발전시켰다.

　북촌의 한옥 역시 서울의 기후와 지형에 맞춘 결과였다. 골목길도 그저 오가는 길이 아니었다. 구불구불한 길은 겨울 북서풍을 막고 여름 남동풍을 불러들였다. 돌계단과 담장은 보행자의 속도를 늦추며 주변 환경을 더 깊이 인식하게 만들었다. 적당한 골목 너비는 이웃과의 자연스러운 만남을 유도했고, 감나무와 대추나무는 계절 변화를 알려주는 달력이었다. 이런 전통 조경의 특징은 개별 요소가 따로 작동하지 않고 하나의 시스템으로 연결된다는 점이다. 마당의 물 순환, 골목의 바람길, 식물의 계절 변화가 맞물려 동네 전체의 쾌적한 환경을 만들었다. 무엇보다 이 모든 것이 주민들의 일상과 자연스럽게 어우러져 있었다.

    그러나 오늘의 북촌은 크게 달라졌다. 좁은 골목에 관광객이 몰려 주민들이 평범하게 걷기조차 힘들다. 카메라에 노출되는 상황은 불편함을 넘어 일상의 피로가 되었다. 어떤 주민은 "우리 집 대문 앞이 마치 무대 같다"고 말할 정도다. 상인들에게도 상황은 복잡하다. 관광객 덕분에 매출은 늘었지만 동네 단골 주민들의 발길은 줄었다. 경제적 이익과 지역 공동체 기능 사이에서 갈등이 생겨났다.

    물리적 변화는 더 두드러진다. 한옥의 마당 상당수가 카페테라스와 주차장 등으로 바뀌었다. 계절마다 다른 표정을 보여주던 정원 대신 연중 같은 풍경을 유지하는 포토존이 들어섰다. 흙과 돌은 관리가 편한 타일과 인조 잔디로 대체되었다. 주차장이나 실내 공간으로 전환되면서 빗물 침투와 저장, 미기후 조절 같은 본래의 생태적 기능은 사라졌다. 전통 수종 대신 사계절 푸른 외래 식물이 심어지면서 계절감마저 희미해졌다. 관광 편의를 위한 변화였지만, 그 과정에서 전통 공간이 가진 자연 순환 시스템은 잊혔다.

    이런 변화가 아쉬운 이유는 분명하다. 전통 조경이 품고 있던 생태적 지혜와 사회적 기능이 오늘날에도 여전히 필요하기 때문이다. 기후 위기로 집중호우와 가뭄이 잦아지는 시대, 빗물을 흡수하고 저장하던 전통 마당의 시스템은 오늘날에도 여전히 유효하다. 기술 이전에 축적된 생활의 지혜가, 오히려 지금의 도시를 지탱하는 또 하나의 해법이 될 수 있다

## 녹색 도시 여의도의 꿈과 현실

1999년, 여의도 5·16 광장이 시민공원으로 바뀌었다. 넓은 아스팔트를 걷어내고 잔디와 나무, 연못이 들어섰다. 서울 한복판에 드디어 대규모 녹지가 자리 잡은 것이다. 그러나 이 풍경을 마주하면 자연스레 물음표가 따라붙는다. 처음부터 이렇게 만들었다면 어땠을까?

1960년대 후반, 여의도 개발계획이 수립될 당시 일부 계획가들은 한강의 자연환경을 적극적으로 활용하는 생태적 접근을 제안했다. 여의도는 원래 한강 가운데 떠 있는 모래섬이었다. 갈대가 무성했고, 철새들이 날아들었으며, 장마철에 홍수가 일어나면 물에 잠겼다가 다시 드러나는 광활한 모래사장이었다. 당시 여의도 같은 모래섬은 자연스러운 홍수 조절지이자 철새의 기착지로, 오늘날 많은 도시들이 추구하는 '블루·그린 인프라' 기능을 이미 수행하고 있었다. 서울시가 그리던 '새서울' 구상에는 이런 자연을 살린 수변 도시 비전이 포함돼 있었다. 한강변을 따라 대규모 녹지를 조성하고, 뉴욕 센트럴파크나 런던 하이드파크 같은 도심 대형공원 계획도 제안되었다. 그러나 정치적, 경제적 우선순위에 밀려 실현되지 못했다.

1970년대 초 여의도가 5·16 광장으로 조성될 때도 일부 전문가들은 나무 식재와 그늘 공간을 포함한 설계를 제안했다. 그러나 "대규모 정부 행사를 방해한다"는 이유로 거부되었고, 결국 넓은 아스팔트 포장만 남았다. 그 시기 한국 사회는 빠른 경제 성장이 절실했다. 여의도는 성장의 상징이어야 했다. 넓은 휴식 공간보다 수익을 내는 건물이, 여유로운 산책로보다 효율적인 교통체계가 우선시되었다. 당시 광장은 단순한 행사장이 아니라, 국가 권위를 과시하고 군중을 통제하는 정치적 무대였다.

이후 제방 주변에는 벚나무가 심어졌다. 1971년 창경궁에 있던 벚나무 일부를 옮겨 심고, 재일 동포들이 기증한 묘목을 더해 조성한 것이었다. 일제강점기에 궁궐의 벚꽃이 식민지의 상징이었다면, 여의도의 벚꽃길은 해방 이후 시민의 봄을 상징하는 풍경으로 바뀌었다. 강변의 벚나무는 도시 미화의 한 장면이었지만, 동시에 한강을 시민의 공간으로 되돌리는 작은 출발이었다. 지금의 여의도 한강공원은 그 흔적 위에 남은 최소한의 녹색 띠다.

이 선택을 흑백논리로만 평가할 수는 없다. 여의도는 금융의 중심지로 성장했고, 수많은 일자리를 만들었으며, 한국 경제의 심장부가 되었다. 하지만 뒤돌아보면, 당시 포기한 생태적 접근이 경제적으로도 더 큰 이익을 가져올 수 있었다는 사실이 드러난다.

여의도 일대는 오늘날 서울의 대표적인 열섬 지역이다. 빽빽한 건물과 광장이 열을 가두고 반사시키면서 여름 기온은 주변보다 높게 나타난다. 여러 연구 결과에 따르면, 여의도의 여름철 평균 기온은 인근 지역보다 2~3도 높게 관측된다. 만약 업무지구 곳곳에 작은 녹지가 분산 배치되었다면 어땠을까. 자연 냉각 효과로 에너지 비용을 절약하고 직장인들은 가까운 곳에서 휴식을 취할 수 있었을 것이다. 무엇보다 콘크리트 숲 대신 일과 휴식이 조화를 이루는 쾌적한 업무 환경을 가질 수 있었을 것이다.

녹지의 필요성은 이후에도 꾸준히 제기됐다. 1999년 광장이 시민공원으로 전환되면서 여의도는 처음으로 본격적인 녹지를 품게 되었다. 광장 아래에 지하주차장을 두고, 그 위를 공원으로 조성한 새로운 형태의 도시 재생 사업이었다. 뒤늦게나마 생태적 가치를 회복하려는 시도였다.

하지만 여의도공원에도 한계가 있다. 공원을 걸어보면 사계절 내내 비슷한 모습의 화려한 꽃과 늘 푸른 나무들만 눈에 띈다. 예쁘지만 다양한 곤충과 새, 작은 동물이 서식할 수 있는 환경은 부족하다. 연못과 잡목림, 초지가 함께 어우러져야 생태적 다양성이 살아나지만, 공원은 주로 관상용 화단과 잔디 위주로 구성되어 있다. 산책로와 광장의 대부분은 아스팔트와 콘크리트로 포장돼 빗물이 땅속으로 스며들지 못하고 바로 하수구로 흘러간다. 여름이면 포장재가 달아올라 공원조차 뜨겁다.

그럼에도 이런 경험은 한국 도시 개발에 중요한 교훈을 남겼다. 송도국제도시는 애초부터 중앙공원 같은 대규모 녹지를 도시 중심에 배치했다. 세종시는 빗물 순환 체계를 설계 단계부터 반영해 도시 열섬현상에 대응하고 있다. 여의도가 놓친 기회가 뒤늦게 다른 도시에서 실현되고 있는 것이다. 여의도의 경험은 피상적인 반성을 넘어 앞으로 도시가 무엇을 우선해야 하는지 분명한 기준을 제시한다.

## 획일화의 대가: 복사된 신도시들

신도시의 아파트 단지를 걷다 보면, 여기가 정확히 어디인지 헷갈릴 때가 있다. 정문에서 시작되는 S자형 진입로, 중앙 광장의 원형 화단, 석가산과 수경시설, 일정한 간격으로 심어진 단풍나무와 벚나무가 있는 산책로, 회양목과 영산홍이 채운 화단. 전국 어디를 가도 비슷한 풍경이 반복된다. 이는 우연이 아니라 구조적 결과다. 1980년대 이후 대규모 아파트 단지가 전국적으로 확산되면서 효율성과 경제성을 이유로 표준화된 설계가 반복 적용된 결과다. 수백 세대가 들어서는 대단지를 빠른 시간 안에 완공하려면, 검증된 설계를 재사용하는 것이 가장 안전하고 경제적이었다. 건설사와 인허가 기관 모두에게 익숙한 방식이었기에 새로운 시도는 애초에 불리했다. 법정 녹지 기준을 맞추고 인허가를 빠르게 받기에도 '무난한' 조경이 최선이었다. 대신 각 지역이 가진 고유한 생태와 정체성, 주민 애착은 뒷전이 되었다.

문제는 이런 방식이 곧 '성공 공식'으로 굳어졌다는 점이다. 분양률이 높은 단지의 조경 설계는 그대로 복사되어 다른 지역에도 적용되었다. '검증된 설계'라는 이름 아래 전국 어디서나 똑같은 나무, 똑같은 배치, 똑같은 시설물이 반복되었다.

강원도 인제의 자작나무 숲이 드라마 촬영지로 유명해지자, '낭만적인 나무'라는 이미지가 생겼다. 곧 전국 아파트 단지에서 자작나무 심기가 유행처럼 번졌다. 그러나 이 나무는 추운 지역에 적합하다. 남부 지역에 심긴 자작나무는 여름 더위를 견디지 못해 고

사하는 경우가 많았다. 매년 고사목 교체 비용만 수백억 원에 달한다. 자작나무는 냉량한 토양과 긴 겨울에 적응한 수종으로, 고온다습한 여름에는 병충해에도 취약하다. 그럼에도 불구하고 지역 특성을 무시한 '복사된 설계'는 이런 실패를 되풀이했다.

더 큰 문제는 지역 정체성의 소멸이다. 아파트 분양 광고를 보면 어디서나 비슷한 문구가 반복된다. "사계절 아름다운 공원이 있는 아파트", "벚꽃이 만드는 낭만적 산책로", "단풍이 선사하는 가을 정취". 실제 현장에 가보면 정말 그렇다. 결국 '벚꽃=봄', '단풍나무=가을'이라는 공식이 전국적으로 굳어졌다. 목포의 따뜻한 기후든 춘천의 추운 날씨든 상관없이 똑같은 나무가 심어졌다. 제주에서는 동백이, 강릉에서는 소나무 숲이 그 지역을 드러낼 수 있지만 이러한 지역 고유의 자연환경과 풍토는 설계에서 배제되었다.

근본적인 문제는 계획 단계에서부터 드러난다. 대부분의 설계는 "나무를 몇 그루 심었는가", "녹지율이 몇 %인가" 같은 숫자에만 집중한다. 정작 중요한 질문인 "어떤 나무가 이 지역에 가장 적합한가", "주민들은 이 공간을 어떻게 쓰고 싶어 하는가"는 묻지 않는다. 법정 녹지율만 채우고, 조경 공사비를 최소화하면 그만이었다. 예컨대 '녹지율 30%'라는 획일적 기준은 녹지의 질과 기능을 고려하지 못한다. 나무의 종류와 배치가 더 중요한데도 제도는 이를 반영하지 않는다.

이런 획일성은 주민들의 애착을 약화시킨다. 내가 사는 곳만의 특별함이 없다면, 이웃과 유대감도 생기기 어렵다. 분당이든 일산이든 평촌이든, 신도시 아파트 단지의 풍경은 대부분 판박이처럼 닮아 있다. '우리 동네'라는 정체성이 옅어질 수밖에 없다.

그럼에도 희망은 있다. 시민들의 눈높이는 이미 달라졌다. SNS에는 세계의 감각적인 조경 사례가 빠르게 공유되고, 젊은 세대일수록 단순한 미화보다 생활과 어우러진 조경을 원한다.

여전히 "조경은 예쁘게 꾸미는 장식 아니야?"라는 인식도 뿌리 깊다. 문제는 시민들의 기대를 현실이 따라가지 못한다는 점이다. 건설사들도 변화를 시도하려 하지만, 현실의 벽은 높다. 예산 문제부터 시작된다. 개성 있는 조경은 표준화된 조경보다 비용이 많이 든다. 게다가 기후변화로 인해 기존에 잘 자라던 수종조차 환경에 적응하지 못하는 경우가 늘고 있다.

제도적 규제도 걸림돌이다. 각종 인허가 기준이 여전히 과거 방식에 묶여 있어 새로운 시도를 하려면 복잡한 절차를 거쳐야 한다. 사업 진행에는 '안전한 방식'이 유리하니, 건설사들은 무난한 설계를 반복할 수밖에 없다.

결국 시민들은 "왜 아파트 조경은 이렇게 뻔할까?"라며 불만을 토로하고, 건설사들은 "하고 싶어도 제약이 많다"고 답한다. 시민 의식은 이미 앞서가고 있지만, 이를 뒷받침할 제도와 시스템은 아직 따라오지 못하고 있는 것이다. 그래서 우리는 신도시 아파트 단지를 걸을 때마다 묘한 기시감을 느낀다. 처음 오는 곳인데도, 마치 한번 와본 것 같은 느낌. 그것이 획일화가 남긴 가장 큰 대가다. 도시의 풍경이 아니라, 대량 생산된 상품 진열대에 들어선 듯한 장면이 우리를 맞이한다.

## 작은 이야기가 모여 도시를 만든다

북촌과 여의도 그리고 신도시의 이야기는 결국 하나의 메시지로 모인다. 도시 공간의 문제는 곧 우리가 도시를 바라보는 시선의 문제라는 것이다.

세 곳의 궤적은 서로 다른 시대와 조건 속에서 진행되었지만 묘하게 닮아 있다. 전통의 가치를 지키려던 북촌은 관광 상품으로 변했고, 생태적 도시를 꿈꾸던 여의도는 금융과 행정의 중심지가 되었으며, 새로운 삶의 터전을 만들려던 신도시는 전국 어디서나 비슷한 풍경으로 복제되었다. 출발선은 달랐지만 도착지는 닮아 있었다. 초기의 이상은 점차 현실적 타협 속에서 희미해졌다.

그러나 최근 들어 변화의 조짐이 보인다. 시민들은 국내외의 다양한 조경과 도시 공간을 경험하며 "왜 우리 동네는 이런 모습일까?"라는 질문을 던지기 시작했다. 더 이상 불가피한 현실로만 받아들이지 않고, 충분히 바꿀 수 있는 미래라는 인식이 확산되고 있다.

우리 주변의 평범한 공간에도 아직 발견하지 못한 가능성이 숨어 있을지 모른다. 중요한 것은 도시를 바라보는 우리의 시선이다. 매일 지나는 길, 익숙한 풍경 속에서 작은 변화를 발견할 때 새롭게 도시의 다른 가능성이 열린다. 작은 선택들이 모여 도시를 만들고, 작은 이야기가 모여 새로운 역사를 쓴다. 도시의 미래는 거대한 계획에서만 나오는 것이 아니라, 일상의 사소한 선택 속에서 자라난다.

CHAPTER 4

# 조경가의 눈으로 본

# 선유도공원

 선유도의 두꺼운 콘크리트 옹벽에는 22년 동안 하루 170만 톤의 한강 물이 스쳐 지나간 흔적이 겹겹이 새겨져 있다. 이 거대한 숫자가 품은 시간은 추상적인 수치의 나열을 넘어, 폐허를 이야기가 있는 풍경으로 바꿔놓는다. 옹벽에 드리운 얼룩과 갈라진 표면은 시설의 기능을 넘어, 도시와 강이 함께 보낸 시간을 눈으로 읽을 수 있게 만든다.

 2000년 서울시가 '새서울, 우리한강 사업'의 일환으로 선유정수장의 철거를 계획했을 때, 이 거대한 구조물의 운명을 두고 격렬한 논쟁이 벌어졌다. 일부는 완전히 철거해 새로운 공원을 짓자고 했고, 다른 쪽은 기존 시설을 활용해야 한다고 주장했다. 철거론자들은 낡은 시설을 그대로 두는 것은 공원의 아름다움을 해친다고 보았고, 보존론자들은 그 흔적 자체가 도시가 지나온 시대의 기록이라고 강조했다.

 조경설계 서안의 정영선 설계팀은 후자를 선택했다. 그들은 이곳의 흔적 속에서 산업화의 기억과 생태적 전환을 연결할 가능성을 발견했다. 1920년대 이후 봉우리가 깎이며 선유봉은 섬으로 변했고, 1965년 양화대교가 놓이면서 강의 흐름은 인위적으로 조정되었다. 1978년 정수장이 본격 가동되자 선유도의 풍경은 끊임없이 변화하며 도시 산업화의 과정을 압축적으로 보여주었다. 겸재 정선의 그림에 남아 있던 아름다운 봉우리의 기억 위에 산업화의 콘크리트 구조물이 덧입혀진 것이다.

조경가의 시선은 바로 여기에서 출발했다. 같은 구조물이라도 해석에 따라 전혀 다른 가능성이 열릴 수 있다. 이들은 콘크리트를 폐기물이 아닌 도시가 살아온 시간을 증언하는 매개체로 읽어냈다.

### 흔적 위에 쌓은 정원

선유정수장은 서울 서남부 시민들에게 오랫동안 생명줄 같은 존재였다. 하지만 폐쇄 후 철거 위기에 놓이자, 조경가들은 독일 루르 지역의 뒤스부르크 노르트 란트샤프트 공원에서 해법을 찾았다. 산업 유산을 지우지 않고, 시간의 흔적을 경관으로 전환한 사례였다. 정영선은 '흔적을 남긴다'는 원칙이 어떻게 새로운 공간 언어가 될 수 있는지를 이 사례에서 확인했다.

그들은 선유도의 시설들이 만들어낸 땅의 형태와 구조를 먼저 읽어냈다. 어떤 부분을 활용하고, 어떤 부분을 비워둘지를 결정하는 과정은 도면 작업에 그치는 설계가 아니라, '도시의 기억을 어떻게 다룰 것인가'라는 근본적인 질문이었다. 이 질문은 물리적 공간의 활용 방식을 넘어 과거를 현재와 연결하는 태도를 결정짓는 행위였다.

정수장이 본래 지니고 있던 물의 흐름도 그대로 살렸다. 과거에는 정화된 한강 물이 도시로 향했다면, 이제는 공원 안에서 자연 정화를 거쳐 다시 강으로 돌아간다. 소비에서 순환으로, 일방향에서 회복으로의 전환이었다. 정수장이라는 기술적 장치가 공원 안에서 '순환의 상징'으로 바뀐 것이다.

특히 옹벽 아래 둔치의 생태 복원은 중요한 전환점이었다. 매년 장마철 퇴적물이 쌓이던 북측 호안에서 설계팀은 인위적 정비 대신 자연의 힘을 끌어냈다. 호안 블록을 제거하고 경사를 완만하게 다듬은 뒤 자연석을 놓고 갯버들과 갈대를 심었다. 시간이 흐르자 퇴적층은 다시 쌓였고, 그 위로 자생식물이 뿌리를 내리며 둔치와 얕은 강물이 부드럽게 이어졌다. 강물이 다시 땅과 닿고, 계절마다 달라지는 식생이 어우러지면서 사람들은 변화하는 생태 과정을 눈으로 확인할 수 있게 되었다. 이것은 인간이 통제하는 복원이 아니라 자연 스스로의 힘을 되살리는 복원이었다. 산업화의 기억 위에 생태적 치유를 겹쳐 놓으면서 선유도는 또 다른 시간의 서사를 품게 되었다. 조경가가 읽어낸 '시간의 고고학적 풍경'은 과거와 현재가 공존하는 독특한 도시의 경관이 되었다.

오늘날 선유도공원은 평범한 산책 공간에 머물지 않는다. 수변 정원에서는 계절별로 꽃과 풀이 달라지고, 물놀이장에서 아이들은 여름을 체험한다. 작은 전시관과 카페에서는 문화행사가 열리고, 생태학습장에서는 학교 단체가 자연을 배우며 시간을 보낸다. 산업화의 흔적 위에서 생태와 문화가 동시에 작동하는 드문 공간이 된 것이다.

## 물의 흐름을 이해하는 공간

선유도의 가장 중요한 발견은 정수장의 물 처리 체계였다. 한강 원수가 송수 펌프를 통해 들어와 침전지에서 불순물을 가라앉히고 여과지에서 모래와 자갈로 걸러져 시민들의 수도꼭지로 향하는 일련의 과정. 이 선형적이고 목적 지향적인 여정은 오랫동안 '깨끗한 물'을 공급하기 위한 산업 시설의 핵심이었다.

조경가들은 이 흐름을 기계적 장치로만 보지 않았다. 직선적이고 효율 중심이었던 과정을 순환적이고 생태적인 체계로 바꾸기로 한 것이다. 기존 시설의 위치와 기능을 존중하면서도, 그 위에 새로운 의미를 덧입혔다.

송수 펌프실은 한강 전시관으로 변신해 강의 역사와 문화를 담았다. 침전지는 수질 정화원으로 재탄생해 수생식물이 만들어내는 자연정화 과정을 보여주는 교육의 장이 되었다. 여과지는 선큰 공간 속 수생식물원과 시간의 정원으로 변했고, 농축조와 조정조는 원형극장과 환경 교실로 다시 태어났다. 한강변 취수펌프실은 카페테리아로 바뀌어, 과거 한강 물을 끌어올리던 자리에서 이제는 시민들이 앉아 커피를 마시며 강 풍경을 바라본다. 산업 시설이 시민 문화의 무대로 전환된 것이다.

선유교를 건너 방문자센터를 지나면 첫 번째로 마주하는 곳이 수질 정화원이다. 이곳에서 한강 원수를 끌어오는 것으로 공원 속 물의 여정이 시작된다. 탁한 물은 연꽃, 수련, 창포 같은 수생식물의 뿌리를 거치며 점차 맑아진다. 화학적 처리가 아니라 자연의 힘으로 물이 정화되는 과정을 눈앞에서 체험하게 되는 것이다.

정화된 물은 환경 물놀이터를 거쳐 공원의 핵심인 선큰 공간으로 흘러든다. 이곳은 과거 여과지와 침전지가 있던 정수장의 심장부였다. 공간의 서쪽에는 한강 전시관이, 그 동쪽으로는 녹색 기둥의 정원과 수생식물원, 시간의 정원이 순차적으로 이어진다.

녹색 기둥의 정원은 정수지의 지붕을 들어내고 기둥만 남긴 곳이다. 담쟁이가 뒤덮은 기둥들이 규칙적으로 서 있는 풍경은 산업의 잔재이자 새로운 자연의 질서가 공존하는 풍경으로 휴식과 사색의 장소가 된다. 옛 급속여과지를 재해석한 '시간의 정원'은 직사각형 공간으로 구성되었다. 봄의 유채꽃, 여름의 해바라기, 가을의 코스모스, 겨울의 갈대처럼 계절마다 표정이 달라진다. 완성된 형태를 고정하는 대신 변화 자체를 설계에 포함한 '살아 있는 정원'이다.

농축조와 조정조는 원형 구조물을 유지한 채 원형극장과 환경 교실로 전환되었다. 물을 모으고 분배하던 시설은 이제 시민이 환경을 배우고 문화를 공유하는 장으로 변모했다. 둔치 상단부에는 미루나무와 자작나무가 식재된 산책로가 조성되었는데, 기하학적인 구조물과 대비되는 수직적 리듬을 만들어내기 위해 선택한 수종이다.

물의 흐름을 따라 걷는 경험은 피상적인 관람을 넘어선다. 방문자는 정수장에서 물이 걸어온 길을 따라가며, 산업 시설이 생태 공간으로 바뀌는 과정을 몸소 체험한다. 과거 정수장 직원들이 시설을 점검하던 동선을 따라 이제는 시민들이 몸소 걸으며, 자연이 스스로 정화하는 과정을 배운다. 산업의 기억과 생태적 현재가 하나의 여정으로 이어지면서, 선유도는 일반적인 공원을 넘어, '물의 질서를 체험하는 공간'으로 거듭났다.

오늘날 선유도공원 수변 정원에서는 계절별로 꽃과 풀이 달라지고, 물놀이장에서 아이들은 여름을 체험한다. 작은 전시관과 카페에서는 문화행사가 열리고 생태학습장에서는 학교 단체가 자연을 배우며 시간을 보낸다. 산업화의 흔적 위에서 생태와 문화가 동시에 작동하는 드문 공간이 된 것이다.

## 시간이 만드는 진화의 정원

선유도공원의 가장 큰 혁신은 첨단 기술이나 즉각적인 성과가 아니라 자연의 회복력 자체를 신뢰한 태도였다. 조경설계 과정에서 22년 동안 화학물질과 중금속에 오염된 땅을 되살리기 위해 인간의 통제보다 자연 스스로 치유할 수 있는 조건을 마련하는 방식을 선택했다. 즉각적인 효과는 없었다. 처음 몇 년간은 심은 식물들이 뿌리를 내리는 것만으로도 성과로 여겨야 했다. 그러나 시간이 흐르면서 서서히 변화가 일어났다.

가장 먼저 변화를 보여준 곳은 물가였다. 인공적으로 조성한 습지에 다양한 수생곤충들이 찾아들었고, 곧 이들을 먹이로 하는 작은 물고기들이 생겨났다. 다음으로 물고기를 노리는 왜가리와 백로가 날아들었고 이들의 배설물은 토양을 비옥하게 만들었다. 이 작은 생명들의 등장은 우연의 산물이 아니었다. 생태계가 스스로 균형을 회복해가는 과정이었다.

핵심은 '완성된 풍경'을 설계한 것이 아니라 '변화하는 과정' 자체를 설계했다는 점이다. 일반적인 정원은 조성 직후가 가장 화려하지만 이곳은 시간이 지나면서 점점 더 풍성해졌다. 자연의 천이 과정을 받아들이고, 예측할 수 없는 생명력을 공간의 일부로 포용한 것이다.

특히 흥미로운 실험은 '빈 공간'을 남겨둔 것이었다. 설계 과정에서 의도적으로 아무것도 심지 않은 구역을 두었는데, 이곳이야말로 자연의 창조력이 가장 역동적으로 펼쳐진 무대가 되었다. 콘크리트 틈새에서 자라난 이름 모를 풀들, 바람에 날려온 민들레 홀씨가 만든 작은 군락, 새들이 떨어뜨린 씨앗에서 싹튼 어린나무들. 이들은 설계 도면에 존재하지 않았지만 결과적으로 공간을 더욱 풍성하게 만들었다.

매일 공원을 찾는 시민들은 이 변화를 가장 먼저 알아차렸다. 아침 산책을 하던 한 시민은 어느 날 콘크리트 벽 틈새에서 자라난 작은 버드나무를 발견했다. 아무도 심지 않았지만, 몇 년 만에 제법 큰 그늘을 드리우며 새로운 쉼터가 되었다. 자원봉사자들은 계획에 없던 야생화 군락이 스스로 형성되는 모습을 지켜보며 "자연이야말로 가장 뛰어난 조경가"라는 사실을 체감했다.

이것이 바로 조경가들이 믿은 회복의 경관이다. 기술로 모든 것을 통제하기보다, 자연이 스스로 치유할 수 있는 조건을 만드는 것. 빠른 해결책 대신 느리지만 지속 가능한 회복을 선택하는 것. 인간의 개입을 최소화하면서도 최대의 생태적 효과를 얻는 지혜였다. 선유도는 그렇게 '시간을 설계한 정원'으로 완성되었다.

이 실험은 한 섬의 사례에 그치지 않는다. 선유도가 보여준 것은 도시 전체를 바라보는 또 다른 방법이다. 도시가 직면한 환경 문제는 즉각적 처방으로 해결되지 않는다. 시간을 아끼기보다 시간을 끌어안고, 느린 과정에서 회복을 가능하게 하는 조건을 설계하는 것. 그것이야말로 선유도가 남긴 가장 중요한 교훈이다.

### 기존의 흔적을 지우지 않고 새로운 삶을 불어넣는다

선유도공원이 21세기 도시환경계획의 한 방향을 제시한다는 비전은 수사에 그치지 않았다. 이곳에서 시작된 접근법은 서울 전역, 더 나아가 전국의 도시재생 프로젝트에 실제로 영향을 미쳤다.

선유도공원이 남긴 가장 중요한 가치는 '보존적 재생'의 모델이었다. 과거 도시재생의 공식은 낡은 것을 철거하고 새로운 것을 세우는 방식이었다. 그러나 선유도는 기존의 구조물을 존중하면서 그 위에 새로운 의미를 덧입히는 가능성을 보여주었다. 부수지 않고, 새로운 이야기를 더하는 방식이었다. 이러한 경향은 이후 유행처럼 서울 곳곳에서 이어졌다. 석유저장탱크를 문화 공간으로 바꾼 문화비축기지, 폐철로를 산책로와 녹지로 탈바꿈시킨 경의선숲길 모두 선유도의 실험이 남긴 파급 효과였다. '기존의 흔적을 지우지 않고 새로운 삶을 불어넣는다'는 생각이 서울의 도시재생에서 하나의 흐름으로 자리 잡은 것이다.

시민 참여 문화의 확산 또한 중요한 유산이었다. 매년 봄이면 시민 자원봉사자들이 모여 선유도의 정원을 함께 가꾼다. 이 경험은 서울숲에서 시도된 시민 프로그램 운영, 한강공원 시민위원회를 통한 거버넌스 모델, 동네 주민들이 직접 골목과 자투리 공간을 돌보는 '마을정원사' 프로그램 등으로 다양하게 확산되었다.

무엇보다도 공원은 '시에서 만들어주는 것'이라는 수동적인 사고에서 '시민이 함께 만들어가는 것'이라는 능동적인 방향으로 인식이 전환된 것이 큰 소득이었다. 버려진 산업 시설도 아름답고 생태적인 공간으로 되살아날 수 있다는 사실을 직접 체험하면서 사람들은 도시에서도 자연과 공존할 수 있다는 희망을 품게 되었다. 환경 문제는 거대한 기술이나 제도만으로 해결되는 것이 아니라 시민 한 사람 한 사람의 관심과 참여 속에서 풀릴 수 있다는 깨달음이었다. 작은 경험들이 쌓여 사회 전체가 도시를 바라보는 눈이 달라진 것이다. 동네 작은 화단에서 시작된 마을 정원 운동, 옥상 텃밭과 도시농업, 골목길 벽화와 가로 정원 가꾸기까지. 모두가 새로운 조경문화로 확장되었다.

선유도공원에서 목격한 것은 시설 재활용의 차원, 그 이상이었다. 시간의 흔적을 읽어내는 역사적 접근, 물의 흐름을 따라 공간을 설계하는 방식, 자연의 회복력을 신뢰하는 생태적 태도, 그리고 그 모든 과정을 시민들과 나누는 교육적 비전이 함께 담겨 있었다. 조경가만이 가질 수 있는 이 통합적 시선이 공간에 새로운 생명과 의미를 불어넣었다.

경관은 물리적 배경에 머무르지 않는다. 그곳에서 사람들이 느끼는 감정, 맺어가는 관계, 쌓아가는 기억이 함께 어우러진 살아 있는 이야기다. 선유도에서 시작된 변화는 이제 우리의 일상으로 번져가고 있다. 공간을 보는 눈이 달라지면, 우리가 살아가는 세상도 달라진다.

# CHAPTER 5

## 혐오시설을 랜드마크로 만드는 법

 버려진 철로에서 세계적인 명소가 탄생할 수 있을까? 수십 년간 방치된 폐기물이 시민들에게 사랑받는 공간으로 바뀔 수 있을까? 심각하게 오염된 땅에서 다시 생명이 움트는 일이 가능할까?

 상식적으로는 불가능해 보인다. 현실에서 기능을 잃은 시설과 공간은 보통 철거되거나 방치된다. 도로는 폐쇄되고 공장은 철거되며 철로는 잡초에 묻힌다. 비용은 크고, 위험 부담이 따르며, 수익성마저 떨어지기 때문이다. 누가 녹슨 철로나 오염된 공장 부지에 선뜻 투자하겠는가. 대부분은 외면하고 다른 개발에 집중한다.

 그러나 세계 곳곳에서 이런 '불가능해 보이는 전환'이 실제로 일어났다. 절망적이었던 공간이 시민들의 사랑을 받으며 자주 찾는 장소로 재탄생했고, 그 변화는 도시 전체의 성격을 바꾸는 촉매가 되었다.

## 버려진 철로의 놀라운 부활, 뉴욕 하이라인

 도시에서 쓸모를 잃은 인프라는 보통 철거된다. 특히 땅값이 천정부지로 치솟는 뉴욕 같은 도시에서는 더욱 그렇다. 그런데 이 상식을 뒤엎은 사건이 있었다. 약 30년간 기차 운행이 끊긴 고가철로가 2009년 '하이라인'이라는 선형 공원으로 재탄생한 것이다.

 맨해튼 미트패킹 디스트릭트를 걷다 보면 머리 위로 독특한 철로가 지나간다. 1930년대에 지어진 화물철도로, 당시에는 보행자와 화물열차의 충돌 사고가 많아 '죽음의 애비뉴'라 불렸던 거리를 대신해 건설된 것이었다. 그러나 1980년 마지막 기차가 지나간 후 이 고가교는 방치되었다. 20년 넘게 사람의 손길이 닿지 않으면서 녹슨 철로 사이로 잡초가 무성하게 자라났다. 뉴욕시는 이 흉물을 철거하려 했다.

 1999년 여름, 지역 커뮤니티 회의에서 두 시민 조슈아 데이비드와 로버트 해먼드가 만났다. 철거 직전의 철로에 올라간 그들은 뜻밖의 풍경을 목격했다. 인간의 간섭이 사라진 자리에 자연이 스스로 만들어낸 원시적 정원이 펼쳐져 있었던 것이다. 삭막한 도심 속에서 마주한 이 광경은 두 사람을 단숨에 매료시켰고 이곳을 지켜내야 한다는 확신을 주었다.

 현실은 냉혹했다. 뉴욕시는 철거 예산으로만 1억 5천만 달러를 책정해놓았고, 주변 건물주 일부는 사유지를 가로지르는 이 구조물이 사라지기를 원했다. 게다가 이 일대는 범죄율이 높고 경제적으로 쇠락한 지역이어서 막대한 예산을 들여 보존할 이유가 없어 보였다.

그러나 두 시민은 포기하지 않았다. '프렌즈 오브 하이라인(Friends of the High Line)'이라는 비영리단체를 만들고 시민들을 설득하기 시작했다. 사진전을 열어 고가철로 위에서 발견한 야생의 아름다움을 알리고 건축가와 조경가들을 초청해 이곳의 가능성을 보여주었다. 처음에는 대부분 회의적이었지만, 직접 철로에 올라가본 사람들은 생각이 달라졌다. 도심 한복판에서 만나는 이 낯선 자연 풍경은 충분히 매력적이었다.

5년간의 캠페인 끝에 2004년 뉴욕시는 이곳의 보존을 공식 결정했다. 시민들의 끈질긴 노력이 만들어낸 첫 번째 기적이었다.

설계는 제임스 코너가 이끄는 필드 오퍼레이션스가 맡았다. 그들의 접근은 기존 공원 설계와 완전히 달랐다. 이미 자리 잡은 야생식물을 제거하지 않고, 그 풍경을 존중하면서 안전한 보행 공간을 덧입히는 방식이었다. 설계팀은 하이라인에 자생한 160여 종의 식물을 조사했고, 그중 일부를 보존하며 토종 식물로 보완했다. 콘크리트 균열 사이로 난 풀과 이끼, 바람에 흩날리는 야생화까지 모두 설계의 일부가 되었다.

보행로 역시 철로의 형태와 위치를 최대한 살려 만들었다. 어떤 구간은 슬래브 사이로 풀이 자라도록 해, 사람들이 '도시 속 숨겨진 정원'을 걷는 듯한 경험을 할 수 있게 했다.

2009년 1구간이 개방되자, 하이라인은 즉시 뉴욕의 새로운 명소가 되었다. 지상 9미터 높이에서 바라보는 맨해튼의 풍경, 도시의 빌딩 숲 사이에서 만나는 초록빛 산책로는 시민과 관광객에게 신선한 충격을 주었다. 30만 명으로 예상한 연간 방문객은 첫해에만 200만 명을 넘겼다. 사람들은 이곳에서 산책하고, 벤치에 앉아 책을 읽고, 일몰을 감상했다. 어떤 이들은 프러포즈를 하고, 결혼식을 올리기도 했다.

하이라인의 성공은 주변 지역을 송두리째 바꾸어놓았다. 쇠락했던 미트패킹 디스트릭트는 뉴욕에서 가장 활기찬 지역이 되었고 오래된 공장과 창고는 갤러리와 레스토랑으로 변신했다. 철로 아래 있던, 오레오 쿠키로 유명한 나비스코 공장은 첼시 마켓으로 재탄생했다. 산업 시설이 문화와 예술의 공간으로 전환되면서, 하이라인은 도시 재생의 촉매가 되었다.

물론 그 이면에는 젠트리피케이션이라는 그림자도 드리워졌다. 급등한 임대료 때문에 기존 주민과 소규모 상점이 밀려났고, 예술가들도 작업실을 잃고 떠나야 했다. 오랜 지역 공동체의 정체성이 희미해진다는 우려가 커졌다. 이에 따라 조경가와 도시계획가들은 이후 프로젝트에서 주민 공청회를 정례화하고 지역 의견을 설계 과정에 적극 반영하는 방식을 도입했다. 뉴욕시 역시 포용적 용도지역제(Inclusionary Zoning)를 통해 신규 개발 시 일정 비율 이상의 공공임대주택을 포함하도록 제도를 강화했다.

2011년 2구간, 2014년 3구간이 순차적으로 개장하면서 하이라인은 총 2.3킬로미터 길이의 선형 공원으로 완성되었다. 지금은 연간 800만 명이 이상이 찾는 뉴욕의 대표적 명소이자, 도시재생의 세계적 모델로 자리 잡았다.

## 바다를 되찾은 도시, 시애틀의 선택

현대 도시는 교통과 환경 사이에서 늘 갈등한다. 도로가 늘어날수록 도시는 답답해지는데 그렇다고 교통을 포기할 수도 없다. 대부분의 도시가 교통을 택했지만, 시애틀은 다른 길을 선택했다. 도심과 바다를 50년 동안 가로막던 고가도로를 철거하고 그 자리를 시민들에게 되돌려주기로 한 것이다.

1953년에 지어진 알래스칸 웨이 고가도로는 하루 11만 대의 차량이 오가는 중요한 교통로였다. 하지만 동시에 도심과 엘리엇 만을 단절시키는 거대한 장벽이었다. 파이크 플레이스 마켓에서 바다까지 직선으로는 가까웠지만 실제로는 음습하고 소음이 심한 고가도로 아래를 지나야만 했다. 흥미로운 것은 이 마켓 바로 앞에 스타벅스 1호점이 있다는 점이다. 매일 전 세계 관광객들이 커피 한 잔을 사기 위해 줄을 서지만 불과 몇 걸음 떨어진 바다는 고가도로 때문에 오랫동안 가로막혀 있었다. 도시의 상징적 풍경이지만 동시에 바다와 단절된 모습이기도 했다.

접근성이 떨어지자 워터프런트 상권은 쇠퇴했고, 상점 대신 주차장과 창고가 들어섰다. 고가도로 아래는 햇빛이 들지 않는 음침한 공간으로 변해 노숙과 범죄의 온상이 되었다.

2001년 발생한 지진으로 고가도로 구조에 심각한 균열이 생기자 이 문제는 더 이상 미룰 수 없게 되었다. 교통 체증을 우려하는 목소리와 바다를 되찾아야 한다는 요구가 팽팽히 맞섰다. 30억 달러를 들여 보수할 것인가, 아니면 철거하고 새 길을 열 것인가.

선택의 순간에 시민들은 용기를 냈다.

2010년 시작된 워터프런트 재생 프로젝트는 처음부터 시민 참여로 설계되었다. 시 당국이 일방적으로 계획을 발표하는 대신, 1만 명 이상 시민의 목소리를 수렴했다. 주민 간담회, 온라인 설문조사, 학생 공모전, 전문가 워크숍이 이어졌다. 놀이터와 스포츠 시설을 원한 젊은 층, 바다 전망의 휴식 공간을 요구한 노년층, 가족 단위 방문객을 고려한 어린이 공간까지 다양한 요구가 반영되었다. 그러나 가장 일관된 요구는 "도심과 바다의 연결"이었다.

2019년 2월, 알래스칸 웨이 고가도로는 완전히 철거되었다. 도심과 바다를 가로막던 장벽이 사라지는 순간, 수천 명의 시민이 모여 역사적인 장면을 지켜보았다. 그 자리에는 20에이커 규모의 워터프런트 공원이 조성되었고, 2024년에는 파이크 플레이스 마켓에서 해변까지 바로 연결되는 '오버룩 워크'가 완공되었다. 30미터의 고저 차를 자연스럽게 극복하며 자동차 도로를 건드리지 않고 바다로 이어지는 이 보행로는 시민들의 숙원이 그대로 구현된 결과였다.

해안선에는 '어반 비치'라 불리는 인공 해변이 생겼다. 아이들이 안전하게 뛰놀 수 있는 얕은 물가와 모래사장은 도심에서 누릴 수 있는 새로운 풍경을 만들었다. 프로젝트에는 총 8억 600만 달러가 투입되었고, 새로운 페리 터미널과 맞물리며 관광객 수는 급증했다. 주변 부동산 가치도 크게 올랐다.

무엇보다 달라진 것은 시민들의 일상이었다. 과거에는 범죄와 소외의 공간이었던 워터프런트가 이제는 점심시간 직장인들의 산책 코스가 되고, 주말이면 가족 나들이의 명소가 되었다. 스타벅스 1호점에서 커피를 들고 나와 곧장 바다로 향할 수 있게 된 지금, 시애틀은 마침내 바다와 다시 연결된 도시가 되었다.

이 변화는 도시의 외양만을 바꾼 것이 아니었다. 교통 중심에서 사람 중심으로, 효율의 논리에서 삶의 질의 논리로 방향을 전환한 도시적 선택이었다. 시애틀의 사례는 "바다를 되찾는 것"이 곧 "도시의 미래를 되찾는 일"임을 보여준다.

## 시간이 만든 기적, 독일 졸페라인 탄광

산업이 쇠퇴한 지역의 풍경은 늘 비슷하다. 공장이 문을 닫고, 일자리가 사라지며, 젊은 사람들이 떠나간다. 남는 것은 거대한 콘크리트와 오염된 땅 그리고 '끝났다'는 체념뿐이다. 이후 대부분의 경우 시설들은 철거되고 새로운 개발이 시작된다. 하지만 독일은 부수는 대신 남기고, 성급함 대신 시간을 선택했다. 30년이라는 긴 시간을 두고 자연과 인간이 함께 오염된 땅을 치유해 나가는 실험을 시작한 것이다. 이것이 바로 시간 자체를 설계 요소로 바꾼 조경의 또 다른 가능성이다.

독일 서부 에센에 있는 졸페라인 탄광은 한때 유럽 최대의 석탄 생산지였다. 1847년부터 1986년까지 139년간 운영되며 2억 4천만 톤의 석탄을 캐냈다. 전성기인 1960년대에는 하루에 2만 3천 톤의 석탄을 생산했고, 8천 명의 광부들이 일했다. 이 시기, 한국에서도 수많은 젊은이들이 '한독 협정'에 따라 독일 루르 지역의 탄광으로 파견되었다. 에센을 비롯한 루르 산업지대 곳곳에서 그들은 낯선 땅의 지하 수백 미터 아래로 내려가 석탄을 캤다.

졸페라인 탄광이 상징하듯, 그 시절 독일의 산업은 한국 광부들의 땀과 노력이 더해져 돌아갔다. 독일의 산업화와 한국의 경제 개발이 서로 맞닿아 있던 시기였다. 하지만 1980년대에 들어 석탄 산업이 급격히 쇠퇴하면서 이곳 역시 문을 닫았다. 거대한 탄광 시설은 그대로 방치되었고, 오염된 토양과 탁한 지하수만 남았다. 한때 유럽의 심장이던 산업의 현장은, 이제 시간에 잠긴 기억의 장소가 되었다.

1989년 독일 정부는 시간과 자연의 치유력을 믿는다는 방침 아래, IBA 엠셔파크 프로젝트를 시작했다. 이는 환경 복원을 넘어선, 루르 지역 전체를 새로운 정체성을 가진 공간으로 바꾸는 30년 장기 프로젝트였다. 오염된 토양을 모두 제거하고 새 흙으로 교체하는 대신 자연이 스스로 회복할 수 있는 조건을 만들고 긴 시간을 기다리기로 했다.

초기 졸페라인의 토양은 중금속 오염으로 어떤 식물도 자랄 수 없을 정도였다. 설계팀은 이곳을 인위적으로 복구하는 대신, 시간이 흐르면서 자연스러운 식물의 천이가 일어나도록 '자연적 식생 천이 구역'을 조성했다. 초기에 내성이 강한 자생식물을 심고, 이후 자연적으로 이들이 주변 지역으로 확장되도록 했다. 수년이 흐르는 동안 이들이 번식하고 토양이 서서히 정화되면서 점차 다양한 식물이 스스로 정착했다. 인간의 직접 개입을 최소화하고 자연 스스로 균형을 찾아갈 수 있도록 기다린 것이다.

졸페라인은 '부수지 않고 보존하며 재생한다'는 가치를 실현했다. 석탄을 끌어올리던 시설은 전망대로, 기계실은 전시 공간으로, 선탄장은 이벤트 홀로 바뀌었다. 보일러실은 레드닷 디자인 뮤지엄으로 전환되어, 석탄을 태우던 공간이 창의적 디자인을 감상하는 문화공간으로 변신했다. 30년이 흐른 지금, 졸페라인은 세계에서 가장 독특한 산업문화 공원이 되었다. 2001년 유네스코 세계문화유산으로 등재되었고, 세계 각지의 관광객들이 찾는 명소가 되었다.

변화는 생태계에도 찾아왔다. 과거에는 식물조차 자라지 못하던 땅에 이제는 다양한 식생이 뿌리내렸다. 새들이 돌아왔고, 작은 동물들도 서식하기 시작했다. 과학자들조차 예측하지 못했던 자연의 회복력이 드러난 것이다. 습지대에는 갈대와 부들이 자생하고 유럽청개구리 같은 지표종이 다시 발견되며 복원 효과도 입증되었다.

탄광 부지에는 '자연 재생 구역'이 조성되었다. 콘크리트 틈새로 나무가 자라고, 철로를 덮은 이끼와 야생화들이 산업과 자연의 공존을 보여준다. 55미터 높이 전망대에 오르면 과거 석탄 더미가 있던 자리에 숲이 펼쳐지고, 오염된 연못이던 곳은 맑은 습지로 바뀐 모습을 볼 수 있다. 가장 인기 있는 공간 중 하나는 선탄장을 개조한 이벤트 홀이다. 석탄을 씻던 거대한 기계들은 그대로 남아 있고 그 사이를 사람들이 거닐며 콘서트와 전시를 즐긴다. 이곳에서는 국제 예술 축제인 루르트리엔날레(Ruhrtriennale) 같은 대형 공연

예술제가 열리며, 졸페라인 부지의 일부 갱도와 생산 시설은 가이드 투어 형태로 관광객들에게 개방되어 있다. 광부들이 실제로 일했던 공간을 따라 내려가 석탄 채굴의 역사를 직접 체험할 수 있다.

졸페라인의 변화는 경제적으로도 큰 성과를 거두었다. 연간 150만 명의 방문객이 지역을 찾으며 3천 개 이상의 새로운 일자리가 창출됐다. 또한 문화·디자인 기업, 예술대학 및 연구기관이 부지 내외로 유입되면서 산업·연구 클러스터로서의 가능성이 점차 실현되고 있다. 이제 졸페라인은 단순한 산업유산을 넘어, 국제적 연구와 문화 중심지로 주목받는다.

탄광 폐쇄 이후 침체와 실업으로 어려움을 겪던 지역 공동체는 졸페라인의 재생을 통해 다시 활력을 얻었다. 청년들이 새로운 일자리를 찾고, 지역 상권과 문화예술 활동이 되살아나며 공동체 전체가 다시 살아나기 시작했다.

이곳을 찾는 관광객들은 단체 관광의 틀을 벗어나, 산업 역사를 배우고 환경 복원의 가능성을 직접 목격한다. 이 경험은 일반적인 소비형 관광이 아니라, 산업 유산과 생태 회복을 동시에 체험하는 새로운 형태의 여행이다. 흔히 매스투어리즘이라 불리는 집단 관광의 틀을 넘어 학습과 성찰이 결합된 생태관광의 장으로 진화한 것이다.

졸페라인이 남긴 교훈은 두 갈래다. 하나는 산업 유산의 재생이 도시 회복탄력성을 기르는 토대가 될 수 있다는 점이고, 다른 하나는 그 과정이 생태관광이라는 새로운 부가가치를 창출한다는 사실이다. 일자리 창출과 지역 공동체의 부활 역시 이 생태관광을 매개로 이루어졌다. 결국 도시재생의 한 형태가 생태관광으로 표출될 수 있음을 졸페라인은 보여주었다. 이곳에서 사람들은 산업의 기억과 자연의 회복을 동시에 경험하며 도시가 지속 가능성을 향해 나아가는 길을 배운다.

## 산업 시설을 문화공간으로, 서울 문화비축기지

서울 상암동 월드컵공원 인근에 자리한 문화비축기지에는 1976년부터 2002년까지 석유를 저장하던 국가 비상시설이 있었다. 1973년 1차 석유파동의 충격을 겪은 후 국가 비상사태에 대비해 만든 시설로, 거대한 콘크리트 탱크 5기에 6,900만 리터의 석유를 저장했다. 26년 동안 일반인의 출입이 금지된 채 철저히 보안이 유지되던 공간이었다. 2002년 석유비축 기능이 다른 곳으로 이전된 뒤 이 공간은 10여 년간 방치되었다. 콘크리트 탱크들은 애물단지로 여겨졌고, 철거해야 한다는 목소리가 높았다.

문화비축기지로 바뀌기 전 이곳은 여러 면에서 위험하고 접근하기 어려운 공간이었다. 석유를 저장했던 탱크에는 휘발성 물질이 남아 있었고, 주변 토양도 기름 성분으로 오염되어 있었다. 월드컵공원 주변의 자연환경과 이질적인 풍경을 이루는 콘크리트 구조물들이 산등성이에 자리 잡고 있었다. 무엇보다 시민들에게는 완전히 낯선 공간이었다. 출입이 금지되어 있었기에 인근 주민조차 이곳에서 무슨 일이 벌어지는지 알지 못했다. 높은 담장과 철조망으로 둘러싸인 이 공간은 도시 속의 섬이었다.

직경 42미터, 높이 16미터의 원통형 탱크 5개. 콘크리트 벽면에는 오랜 세월 석유와 접촉하며 생긴 얼룩과 변색이 그대로 남아 있었다. 위험한 산업 시설을 문화공간으로 바꾸는 일은 쉽지 않다. 특히 한국처럼 안전과 효율을 중시하는 사회에서는 더욱 그렇다. 대개는 위험 요소를 없애고 새로 짓는 방식을 택한다. 하지만 여기서는 다른 길을 선택했다. 석유 탱크라는 산업 유산을 철거하지 않고, 오히려 역사적 의미를 살려 새로운 가치를 더하는 방식을 택한 것이다. 이 당시 시대적 요구에 따른 독창적인 방법을 찾고자 했다.

핵심 아이디어는 기존 탱크 구조물을 최대한 보존하면서 문화와 생태가 어우러지는 공간으로 바꾸는 것이었다. 이는 일반적 건물 재활용이 아니라 산업 유산을 문화 자산으로 전환하는 시도였다. 전체 콘셉트는 "주변 산자락과의 조화"였다. 거대한 콘크리트 탱크들이 산의 일부처럼 보이도록 하고, 동시에 시민들이 산업 역사를 체험할 수 있도록 했다. 탱크 상부는 생태 정원으로 조성되어 하늘에서 내려다보면 탱크가 보이지 않고 월드컵공원 산자락의 자연스러운 연장선처럼 이어진다. 억새, 맥문동, 구절초 등 다년생식물을 심어 계절감을 드러내고, 콘크리트 구조물을 자연스럽게 감추도록 했다.

이 설계가 성공할 수 있었던 배경에는 특별한 과정이 있었다. 바로 시민 참여였다. 개장 전부터 시민들의 의견을 수렴해 각 탱크 활용 방식과 필요한 프로그램을 함께 정했다. 인근 주민들과 문화예술인들이 여러 차례 공청회와 워크숍에 참여하며 운영 방향을 결정했다.

눈에 띄는 공간은 아무것도 설치하지 않고 비워둔 탱크다. 이곳에서는 주말마다 시민 오케스트라 연주, 어린이 합창단 공연, 젊은 안무가들의 춤, 시인들의 낭독회가 번갈아 열린다. 원형 구조 덕분에 공연자는 중심에 서고, 관객은 둥글게 둘러앉는다. 음악이 콘크리트 벽에 부딪혀 돌아오면서 마치 거대한 악기 속에 있는 듯한 음향 효과를 경험하게 된다. 다른 탱크들도 각기 다른 방식으로 활용된다. 원형 구조를 그대로 살린 공연장에서는 360도 어디서든 공연을 볼 수 있어 관객과 연주자의 경계가 흐려진다. 전시 공간으로 쓰이는 탱크는 벽면의 석유 얼룩과 녹슨 관을 제거하지 않아, 작가들이 오히려 이 흔적을 작품의 일부로 활용한다. 오래된 산업의 기억과 새로운 예술이 한 공간에서 만나는 것이다. 환경 교육도 중요한 성과다. 석유비축기지였던 과거를 숨기지 않고, 오히려 환경의 소중함을 교육하는 자원으로 삼았다. 탱크 내부의 얼룩과 배관, 설비는 그대로 남겨 두어 아이들과 방문객들이 환경 문제를 직관적으로 체험하게 했다. '탱크탐험대' 프로그램에서는 아이들이 내부를 탐험하며 석유가 환경에 미친 영향과 지속 가능한 에너지 전환의 필요성을 배운다.

이런 활동 덕분에 문화비축기지는 서울 시민들의 큰 사랑을 받게 되었다. 2017년 개관 이후 방문객 수는 꾸준히 늘고 있으며, 특히 젊은 세대들에게 인기가 높아 SNS에서 자주 소개되고 있다.

무엇보다 이 공간은 지금도 계속 진화하고 있다. 완성된 시설로 고정되는 것이 아니라, 시민들의 참여와 계절의 변화에 따라 새로운 모습을 보여준다. 이는 조경이 가진 본질적 특성인 시간성과 변화를 잘 드러내는 사례다.

이러한 시간성과 변화의 감각은 문화비축기지가 전하는 핵심과도 이어진다. 모든 산업 시설을 보존해야 한다는 뜻은 아니다. 다만 가치 있는 흔적을 읽어내고 현명하게 이용할 때, 그것은 위험의 잔재가 아니라 문화와 생태의 자원이 될 수 있다. 석유탱크는 시민들의 기억과 예술, 교육의 무대로 바뀌었고, 이는 도시재생이 나아갈 또 다른 방향을 제시한다. 선유도와 졸페라인에 이어, 문화비축기지 역시 '부수지 않고 더한다'는 전환의 원칙을 서울의 한가운데에서 실현해 보였다.

## 새로운 가능성을 발견하고 창조해 나가는 길

버려진 철로가 도시의 보석이 되고 50년간 단절된 바다와 도시가 다시 만나며, 오염된 산업 폐허가 생명의 터전으로 되살아나고 위험한 석유 탱크가 시민들의 문화 무대로 변신했다. 이 모든 변화의 출발점에는 무조건 부수고 새로 짓는 방식이 아니라, 이미 존재하던 가능성을 새롭게 발견하려는 노력이 있었다. 세계 곳곳에서 일어난 변화들이 우리에게 전하는 메시지는 분명하다. 처음에는 불가능해 보였던 일들이 현실 속에서 가능해졌다는 점이다.

더욱 의미 있는 것은 이런 변화들이 전문가들만의 힘으로 이루어진 것이 아니라 시민이 함께 만들었다는 점이다. 뉴욕에서는 두 시민의 우연한 발견과 확신이 수년에 걸친 풀뿌리 운동으로 이어졌고, 시애틀에서는 1만여 명이 참여해 도시를 다시 디자인했다. 독일에서는 지역 주민들이 30년이라는 긴 세월을 인내하며 산업 폐허를 생태와 문화의 공간으로 탈바꿈시켰고, 서울에서는 시민들이 직접 자신만의 공간과 프로그램을 만들어냈다.

이 모든 변화에는 공통된 접근법이 있었다. 시간을 두고 기다리는 것, 전문가의 계획에만 의존하지 않고 시민이 함께 만들어가는 것, 완벽한 완성을 고집하기보다 변화할 여지를 남겨두는 것이다. 바로 이런 태도가 공간을 다시 살아 움직이게 했다.

우리 주변에서는 왜 이런 변화를 쉽게 만나기 어려운 걸까? 우리가 혹시 기존의 것을 지워버리고 새것만 좇느라, 이미 존재하는 가능성을 놓치고 있는 것은 아닐까?

앞으로는 우리가 어떤 선택을 하느냐에 달려 있다. 버려진 철로를 쓸모없는 흉물로만 볼 것인가, 새로운 가능성으로 볼 것인가. 오래된 산업 시설을 도시의 방해물로만 여길 것인가, 역사가 담긴 자산으로 바라볼 것인가. 단지 전문가들만의 일이 아니다. 우리 모두가 도시를 바라보는 새로운 방식을 선택해야 한다.

어떤 도시에 살고 싶은가. 그 도시를 위해 우리는 무엇을 할 수 있을까. 그 답을 찾기 위해 도시를 이루는 경관을 더 깊이 읽어야 한다. 경관은 우리에게 새로운 눈이 되어줄 것이다.

**CHAPTER 6**

# 금싸라기 땅에 공원을 지은 이유

서울숲을 걷다 보면 문득 이런 생각이 든다. 이곳을 뭐라고 부르면 좋을까? 나무가 우거져 있으니 숲이라 불러도 좋겠고, 시민에게 열려 있으니 공원이라 해도 맞겠다. 하지만 곳곳의 식재와 배치를 보면 정원이라는 말도 필요하다. 어느 한 단어로는 이 공간을 다 담지 못한다.

눈에 보이는 풍경만 있는 것이 아니다. 시원한 그늘과 물가에서 나는 냄새, 아이들의 웃음소리와 주말 이벤트의 활기가 겹쳐지는 동안 그 너머에서는 도시의 온도를 낮추는 보이지 않는 작동이 일어난다. 냄새와 온도, 소리와 기억이 쌓이며, 서로 다른 층위가 한 공간 안에서 맞물려 돌아간다.

감각과 기능, 기억이 뒤섞인 총체를 우리는 '경관'이라 부른다. 눈에 보이는 풍경이 아니라, 감각과 기억이 얽혀 도시가 스스로 이야기를 들려주는 상태다. 이 언어를 공공 차원에서 처음 실험한 곳이 있다. 1858년, 뉴욕 맨해튼 한가운데 만들어진 센트럴파크다.

## 뉴욕 맨해튼에 조성된 공공의 정원

1850년대 뉴욕 맨해튼은 숨 막히는 도시였다. 공장 굴뚝에서 검은 연기가 쏟아지고, 좁은 골목에는 쓰레기가 쌓였으며, 전염병이 주기적으로 빈민가를 휩쓸었다. 산업혁명이 부를 만들어냈지만 사람들의 삶은 압박받았다. 도시 안에는 계획된 공공녹지가 거의 없었고, 자연을 즐길 수 있는 곳은 교외의 별장이나 사유 정원뿐이었다.

이런 상황에서 뉴욕의 지식인들과 의사들이 목소리를 높이기 시작했다. 도시에 '허파'가 필요하다는 주장이었다. 런던의 하이드 파크처럼 모든 시민이 숨 쉴 수 있는 공간, 계급과 무관하게 자연을 누릴 수 있는 장소가 절실했다. 1853년 뉴욕 주의회는 공원 조성을 결정했다. 문제는 장소였다. 맨해튼은 이미 촘촘하게 개발되어 있었다. 결국 맨해튼 북부, 59번가와 110번가 사이, 여의도만 한 크기의 땅이 선택되었다.

이곳은 비어 있는 땅이 아니었다. 바위와 습지가 뒤섞인 황무지처럼 보였지만, 세네카빌리지라는 흑인 공동체를 포함해 천여 명이 살고 있었다. 자신들의 집과 교회, 학교를 가진 사람들이었다. 공원을 위해 이들은 모두 떠나야 했다. 센트럴파크의 탄생은 이미 누군가의 상실 위에서 시작되었다.

1858년 뉴욕시는 설계 공모전을 열었다. 33개 안이 제출되었고, 프레데릭 로 옴스테드와 칼버트 복스의 '그린스워드 플랜'이 선정되었다. 옴스테드는 농장을 운영하며 자연과 풍경을 관찰했고,

뉴욕타임스 특파원으로 남부의 노예제 사회를 취재하며 인간과 사회의 불평등을 목격했다. 그는 유럽 여행 중 리버풀의 버켄헤드 공원에서 새로운 가능성을 발견했다. 그곳은 계급 구분 없이 도시의 모든 사람이 함께 어울리는 공공의 정원이었다.

공원은 귀족의 정원이 아니라 모든 시민이 함께 어울리는 도시의 거실이 되어야 했다. 부와 신분을 구분하는 담장이 아니라, 서로 다른 사람들이 공존하는 공간. 누구나 자유롭게 걷고, 멈추고, 쉴 수 있는 곳. 자연 속에서 사람은 본능적으로 평화로워진다고 그는 믿었다.

풍경은 자연스러워 보였지만 철저히 계산된 구조였다. 구불구불한 길은 시야와 속도를 조절하고, 열린 잔디밭은 사람들을 모으되 밀집되지 않게 했으며, 숲과 언덕은 도시를 시각적으로 차단했다. 그가 추구한 것은 픽처레스크 미학이었다. 예측할 수 없지만 조화롭고, 거칠지만 위협적이지 않은 풍경. 베르사유처럼 인공적이지도, 야생처럼 위협적이지도 않은 제3의 자연이었다.

공사는 15년 넘게 이어졌다. 수십만 그루의 나무를 심고, 엄청난 양의 바위를 폭파하고 흙을 옮기는 작업에 수천 명의 노동자가 참여했다. 이 가운데 상당수는 당시 가장 가난했던 아일랜드 이민자들이었다. 그들이 만든 공원이 결국 모든 계층을 위한 공간이 되었다는 점에서 센트럴파크는 사회적 평등을 실험한 공간이었다.

1870년대 초 공원이 완성되자 뉴욕은 달라지기 시작했다. 강제 이주당했던 세네카빌리지 주민들은 돌아오지 못했다. 하지만 그들이 살던 땅 위에 세워진 공원에는 다양한 계층의 사람들이 처음으로 함께 모였다. 공원을 만든 노동자의 자녀들도, 부유한 시민들도 같은 잔디밭에 앉았다. 옴스테드가 버켄헤드 공원에서 본 이상은 모순된 출발 위에 이렇게 뉴욕에서 실현되었다. 공원은 도시의 심장이 되었다.

하지만 센트럴파크를 제대로 이해하려면, 먼저 인간이 자연을 대해온 세 가지 방식을 살펴봐야 한다.

## 센트럴파크를 이루는 세 개의 언어

센트럴파크는 갑자기 나타난 것이 아니다. 동서양을 막론하고, 인간은 오래전부터 자연을 어떻게 다룰 것인가를 고민해왔다. 17세기 프랑스 베르사유에서는 통제의 미학이, 그보다 앞선 15세기 창덕궁 후원에서는 흐름의 미학이, 19세기 뉴욕 센트럴파크에서는 평등의 미학이 각자의 방식으로 자연과 인간의 관계를 정의했다.

베르사유 정원은 하늘에서 보면 완벽한 대칭을 이룬다. 직선의 수로와 기하학의 축선, 동일하게 다듬어진 나무들. 루이 14세는 자연마저 질서 안에 가두었다. 정원사들은 매일 나무를 다듬어 정해진 형태를 유지했고, 수로는 완벽한 직선으로 뻗어나갔다. 베르사유는 왕의 권력을 보여주는 무대였고 풍경은 그 무대의 소품이었다. 이곳에서 자연은 복종의 언어로 말했다.

창덕궁 후원은 산의 결을 따라 굽이진다. 연못은 낮은 곳에 자연스럽게 고이고, 바위는 원래 있던 자리에 그대로 둔다. 부용지 가장자리는 직선이 아니라 자연스러운 곡선을 따라 흐른다. 누가 설계했는지 드러나지 않아 오래전부터 그렇게 있었던 것처럼 느껴진다. 창덕궁 후원을 가꾼 장인들은 자연을 지배하는 것이 아니라 자연의 뜻을 읽고 따르는 것을 미덕으로 여겼다. 정자의 위치도 바위의 형태도 나무의 생김도 모두 원래 있던 자리에서 크게 벗어나지 않았다. 이곳에서 자연은 조화의 언어로 말했다.

베르사유가 통제를, 창덕궁이 조화를 말했다면 옴스테드는 다른 질문을 던졌다. 자연은 누구의 것인가.

센트럴파크의 잔디밭에는 부자와 노동자가 함께 앉았고, 숲길에는 귀부인과 이민자 아이들이 함께 걸었다. 공원을 둘러싼 담장도, 입장료도 없었다.

통제와 조화 그리고 평등. 세 개의 언어는 각기 다른 시대와 다른 사회가 자연을 대하는 태도를 보여준다. 센트럴파크에서 자연은 처음으로 평등의 언어로 말하기 시작했다. 그렇다면 평등의 언어로 만들어진 공원은 실제로 어떤 모습일까.

## 센트럴파크를 걷다

59번가 입구에서 공원 안으로 들어서면 좁은 숲길이 시작된다. 나무 그늘이 길을 덮고 도시 소음이 점차 멀어지면서, 10분쯤 걸었을 때 시야가 활짝 열리며 쉽 메도우(Sheep Meadow)가 나타난다. 축구장 열 개를 이어 붙인 크기지만 압도적으로 느껴지지 않는다. 가장자리 나무들이 시야를 부드럽게 막아주기 때문이다. 해가 기울 무렵이면 사람들이 모여든다. 잔디에 누워 책을 읽고, 프리스비를 던지며, 대화를 나누거나 그저 하늘을 바라본다. 아이들이 그 사이를 뛰어다니고, 반려견을 데리고 나온 사람들이 잔디밭을 가로지른다.

그곳에 앉으면 풀의 촉감과 흙냄새가 생생하다. 바람이 나무 사이를 통과하며 온도를 낮추고, 도심의 열기는 여기까지 오지 못한다. 사람들은 흩어져 있지만 완전히 고립되지는 않는다. 경사가 미묘하게 조절되어 있어 시야가 한꺼번에 열리지 않고, 각자의 영역이 자연스럽게 만들어진다. 속도가 느려지면 주변이 보이기 시작한다.

옴스테드는 함께 있되 붐비지 않는 공간을 추구했다. 완만한 경사와 시선의 흐름, 겹겹이 심어진 나무들이 이 균형을 만들어냈다. 잔디밭 가장자리의 나무들은 키가 큰 것부터 낮은 것까지 층을 이루며 심어져, 공간이 갑자기 끝나지 않고 서서히 숲으로 전환된다.

공원을 가로질러 남쪽으로 걸으면 길이 완만하게 내려가고, 나무가 다시 길을 덮는다. 그늘 아래로 들어서자 공기가 달라진다. 햇볕에 데워진 피부가 식고, 주변이 고요해진다. 더 몰(The Mall)이라 불리는 긴 산책로를 지나자 시야가 다시 트이며 베데스다 테라스가 나타난다. 넓은 계단이 광장으로 이어지고, 중앙에 분수가 서 있다.

계단에 앉으면 손바닥에 햇볕에 데워진 돌의 온도가 전해지고, 물소리와 사람 소리가 겹쳐 들린다. 분수 중앙에는 '물의 천사' 조각이 서 있다. 1842년 뉴욕에 처음 깨끗한 물이 공급된 순간을 기리는 조각이다.

계단은 넓어서 앉아 있는 사람과 지나가는 사람이 부딪히지 않는다. 어떤 사람은 책을 읽고, 어떤 사람은 대화를 나누며, 어떤 사람은 물가에 서서 분수를 바라본다. 공간은 북적이지만 서로 방해하지 않는다. 한 시간을 앉아 있는 사람도, 5분 만에 지나가는 사람도 있다.

이곳은 센트럴파크의 중심이자 가장 사회적인 공간이다. 주말이면 거리 공연자들이 모여들고, 관광객들이 기념사진을 찍으며, 현지인들은 친구들과 만나는 약속 장소로 삼는다. 숲속의 고요함도 중요하지만, 사람들이 모여 서로를 마주치는 장소도 필요했다.

베데스다의 활기를 뒤로하고 북서쪽으로 방향을 틀면 분위기가 확 바뀐다. 길이 좁아지고 나무가 길을 덮으면서 고요한 숲길 산책로 램블로 들어선다. 사람 소리가 사라지고, 새소리가 그 자리를 채운다. 길은 구불구불하게 이어져 방향을 가늠하기 어렵다. 울창한 수목이 소음을 흡수하고, 나뭇가지 사이로 빛이 드나들며 그림자를 만든다. 멀리서 시냇물 소리가 들린다. 발밑의 낙엽이 바스락거리고, 이끼 낀 바위에서 습한 공기가 피어오른다.

소리가 먼저 방향을 알려준다. 물방울이 바위에 부딪히는 소리, 겹쳐오는 새소리, 자갈의 마찰음. 나뭇잎 사이로 햇살이 움직이고, 사람들의 걸음도 느려진다. 사람들은 길을 잃어도 괜찮다는 걸 알기에 천천히 걷는다. 고개를 들어 나뭇가지를 보고, 발밑의 돌을 밟으며, 물소리가 나는 쪽을 찾는다. 램블에는 200종이 넘는 새가 서식하거나 이동 중 잠시 머무른다. 봄과 가을이면 새를 관찰하러 온 사람들로 북적인다. 울창한 숲과 물길이 도시 한가운데 조류 서식지를 만들어낸 것이다.

램블을 빠져나와 다시 북쪽으로 걸으면 나무가 물러나고 하늘이 넓어진다. 갑자기 시야가 열리며 바람이 달라진다. 저수지다. 재클린 케네디 오나시스 저수지. 원래는 식수 공급을 위한 시설이었지만, 지금은 조깅 트랙과 조망의 장소로 남아 있다. 저수지 둘레를 도는 트랙은 뉴욕에서 가장 인기 있는 조깅 코스 중 하나다.

햇빛을 받은 수면이 반짝이고, 수증기가 공기를 부드럽게 식힌다. 바람이 멈추면 하늘과 건물이 물에 비치고, 파문이 일면 도시의 형체가 흐려진다. 걸음을 옮길 때마다 물에 비친 맨해튼 스카이라인이 조금씩 모양을 바꾼다. 도시가 자연 속에 담기는 순간, 경계가 흐려진다.

쉽 메도우의 개방감, 베데스다의 활기, 램블의 은밀함을 지나 저수지에 다다르면 공원의 다양한 얼굴을 모두 만나게 된다. 새벽이면 사람들이 저수지를 찾는다. 해가 뜨면서 건물들이 물에 비치고, 저수지 위로 물안개가 피어오른다.

### 공원이 도시를 바꾸는 법

공원 가장자리 곳곳에 스무 개가 넘는 출입구가 열려 있다. 어디서든 들어올 수 있고, 지하철역에서 내려 5분이면 공원이다. 공원은 새벽부터 깊은 밤까지 열려 있다. 원래는 24시간 개방을 의도했지만, 안전 문제로 한동안 야간에는 폐쇄되었다가 1990년대 치안 개선 이후 다시 열렸다.

아침의 공원과 저녁의 공원은 완전히 다른 곳처럼 느껴진다. 새벽엔 러너들이, 점심엔 직장인이, 저녁엔 공연 관람객이 같은 벤치에 앉는다. 같은 길이 시간대마다 다른 속도로 흐른다.

계절마다 공원은 다른 얼굴을 보인다. 봄에는 벚꽃이 피고 여름에는 쉽 메도우에서 피크닉을 즐기며, 가을에는 단풍이 물들고 겨울에는 울먼 링크의 스케이트장이 개장된다. 하나의 공간이 사계절 동안 네 개의 다른 무대가 된다.

여름 오후, 공원 안은 주변 도로보다 확연히 시원하다. 843에이커의 숲과 잔디, 연못이 도시의 열기를 식힌다. 나무는 이산화탄소를 흡수하며 산소를 내놓고, 빗물은 땅에 스며들어 하수관의 부담을 덜어준다. 공원은 거대한 공기청정기이자 빗물 저장소다.

경제적 효과도 상당하다. 공원 주변 부동산 가격은 다른 지역보다 높고 센트럴파크가 보이는 아파트에는 큰 프리미엄이 붙는다. 5번가 고급 아파트들이 '센트럴파크 조망권'을 내세우는 이유이다. 이곳은 연간 수천만 명이 찾아오면서 호텔과 식당, 상점이 공원 주변에 모여들었다. 공원은 수익을 내지 않지만 도시 전체를 살리는 인프라가 되어준다.

센트럴파크 이후 세계의 도시들이 움직이기 시작했다. 산업도시 한가운데 자연을 돌려주는 일은 시카고에서 보스턴으로, 샌

프란시스코를 거쳐 전 세계로 퍼져나갔다. 한 세기 반이 지난 오늘, 한국의 도시들도 같은 길을 걷고 있다. 서울숲이 그렇고, 용산공원이 그렇다.

센트럴파크는 도시의 녹지를 넘어 기억의 공간이 되기도 했다. 공원 서쪽 72번가 입구에는 추모 정원 '스트로베리 필즈'가 있다. 1980년, 공원 맞은편에서 숨진 존 레넌을 기리는 곳이다. 바닥에 새겨진 'IMAGINE' 모자이크 앞에는 지금도 사람들이 꽃을 놓고 노래를 부른다. 센트럴파크는 이렇게 도시의 기쁨과 슬픔을 함께 담는 공간이 되었다.

## 21세기 공원의 진화

센트럴파크 이후 150년. 공원은 세계 곳곳에서 도시의 필수 인프라가 되었다. 하지만 21세기 도시는 아름다운 공원만으로는 버틸 수 없다는 사실을 깨달았다. 기후 위기와 생태계 훼손 앞에서 공원은 다시 진화해야 했다. 센트럴파크가 시민의 휴식처였다면, 오늘의 공원은 도시를 지키는 인프라여야 한다.

이런 전환을 가장 극적으로 보여주는 개념이 '스펀지시티'다. 비를 막는 대신 흡수하고 머금는 도시. 중국이 2015년부터 국가 차원에서 추진한 이 전략은, 저장성 진화시의 옌웨이저우 공원에서 구체적 형태를 드러낸다.

두 하천이 만나는 합류부는 원래 범람이 잦았던 위험 지대였다. 하지만 설계를 담당한 투런스케이프는 발상을 뒤집었다. 범람원을 막는 대신 되살렸다. 물길을 차단하는 제방 대신, 물을 받아들이는 저지대와 습지를 배치했고 홍수 시 잠기도록 설계된 초지와 야외무대까지 의도적으로 낮은 곳에 두었다.

장마철이 오면 낮은 들판부터 물이 들어온다. 하지만 물길은 막히지 않는다. 여러 갈래로 분산되면서 다층 식생 사이를 흐르고, 식물들이 물을 붙잡는다. 핵심은 간단하다. 차단이 아니라 수용이다. 물을 내쫓는 대신, 물이 들어올 자리를 미리 마련해두는 것이다. 그래서 이곳에서 홍수는 재난이 아니라 계절이 되었다.

제주 서귀포 효돈 마을의 베케 정원은 다른 각도에서 같은 질문을 붙든다. 조경가 김봉찬이 조성한 이곳은 제주 자연의 본질을 담아내는 자연주의 정원이다.

'베케'는 제주어로 농사짓다 밭에서 나온 돌을 쌓아두는 돌무더기를 뜻한다. 화산섬 제주에서 농부들은 밭을 갈다가 튀어나온 현무암을 한쪽에 모아두었다. 버려진 것이 아니라 자연스럽게 쌓인 것이다. 세월이 지나면 그 돌무더기에 이끼가 끼고, 야생화가 피며, 도마뱀이 숨는다. 작은 생태계가 만들어진다.

정원에 들어서면 현무암 돌담이 이어진다. 제주 밭담 방식 그대로다. 돌과 돌 사이의 틈으로 바람이 빠져나가고, 그 틈에 이끼와 야생초가 뿌리를 내린다. 발밑은 제주 흙이고, 빗물은 그대로 스며든다. 인공 배수 시설 없이 흙과 자갈이 물을 머금고 걸러낸다.

억새와 개미취, 고사리와 민들레, 목련 같은 자생식물을 중심으로 식재했다. 화려하지 않지만 제주의 바람과 빛, 계절의 변화가 그대로 드러난다.

바람이 거세게 불 때 억새는 눕지만 부러지지 않는다. 바람이 지나가면 다시 일어선다. 바람을 막는 것이 아니라 바람과 함께 사는 방식이다. 계절마다 색도 바뀐다. 봄의 연한 초록, 여름의 짙은 녹색, 가을의 은빛 물결, 겨울의 누런 갈대밭. 제주의 사계절이 정원 안에 압축되어 있다. 현무암은 손끝에 거칠다. 화산이 만든 돌은 구멍이 송송 뚫려 있고 표면이 날카롭다. 하지만 세월이 지나며 이끼가 덮이고 빗물이 씻어내며 모서리가 둥글어진다.

정원 한쪽에는 낮은 건물들이 자리한다. '기분 좋은 어둠'을 추구하는 공간들이다. 제주 전통 가옥은 낮고 어두웠다. 바람을 피하고 빛을 조절하며 자연 속에 조용히 앉아 있었다. 따라서 건물과 정원의 경계가 흐려진다. 건물에서 나오면 정원이고, 정원을 걷다 보면 건물이다.

옌웨이저우가 홍수를 계절로 바꾸었다면, 베케는 돌무더기를 생태계로 바꾸었다. 하나는 물의 흐름을 제어하고, 하나는 시간의 흐름을 기다린다. 하나는 기술로 답했고, 하나는 철학으로 답했다. 자연과 함께 사는 법은 하나가 아니다.

센트럴파크가 "자연은 누구의 것인가"를 물었다면, 오늘의 공원들은 다른 질문을 던진다.

"자연과 어떻게 살아갈 것인가?"

## 경관, 초록 속에 깃든 언어

경관은 멀리 있는 풍경이 아니다. 우리가 걸어 다니는 거리와 학교 운동장, 옥상과 담장을 타고 흐르는 초록 속에 깃든 언어다. 센트럴파크가 중요한 이유는 면적 때문이 아니다. 그곳이 보여준 철학 때문이다. 공원은 부자의 특권이 아니라 모두의 권리라는 것, 자연은 장식이 아니라 도시의 필수 인프라라는 것, 공공 공간은 사람들을 갈라놓는 것이 아니라 연결하는 곳이라는 것. 이 철학은 오늘날 더욱 절실해졌다.

하지만 현실은 어떤가. 서울은 공식 통계상 뉴욕보다 1인당 공원 면적이 높게 나타나지만, 대부분은 북한산과 관악산 같은 산지형 공원이다. 크고 멋지지만 일상에서는 멀다. 일상적으로 걸어서 갈 수 있는 생활권 공원만 따지면 서울은 5.5제곱미터로, 뉴욕의 절반 수준에 그친다. 진짜 가까운 자연은 생활 속에 있다. 학교의 작은 숲, 동네 골목의 가로수, 건물 벽면의 녹화. 아이들이 놀고 노인이 쉬며 이웃이 인사를 나누는 그곳에서 도시의 회복력이 자란다.

앞서 우리는 이런 장면들을 보았다. 가로수의 그늘과 선형 숲길, 오래된 마을의 풍경과 폐허의 재생. 서로 다른 장소들이었지만 하나의 언어로 연결되었다. 바로 경관의 언어다. 이제는 조경이 도시를 어떻게 바꾸는지 살펴볼 차례다. 감각과 생태, 문화와 역사, 경제와 과학. 여섯 개의 눈으로 도시를 읽어낼 것이다.

# PART 2

# 조경이 도시를 바꾸는 방법

의미 있는 경관은 저절로 만들어지지 않는다.
사람들의 마음을 움직이는 경관을 만들기 위해서는
감각적 경험, 생태적 기능, 문화적 의미,
역사적 맥락, 경제적 가치, 과학적 근거라는
여섯 차원을 동시에 고려해야 한다.
이 요소들이 유기적으로 얽힐 때
비로소 풍부하고 지속 가능한 경관이 완성된다.

**CHAPTER 7**

# 감각 — 머물고 싶은 공간의 비밀

조경가들은 도시를 여섯 개의 서로 다른 층위로 읽어낸다. 감각적 경험, 생태적 기능, 사회적 관계, 역사적 맥락, 경제적 가치, 과학적 효과에 따라 같은 공간도 서로 다른 차원에서 동시에 해석한다.

'감각의 층'이란 도시 공간을 시각, 청각, 촉각, 후각, 신체적 체험 등 오감을 통해 경험하는 총체적 차원을 의미한다. 겉으로 보이는 풍경을 넘어서, 온몸으로 느끼고 기억하며 교감할 수 있는 경험이다.

현대 도시는 대부분 시각 중심으로 설계되었다. 화려한 간판과 전광판이 눈을 자극하지만, 귀와 코, 피부는 상대적으로 둔감해진다. 우리는 사계절 내내 온도가 비슷한 실내에서 살아가며 계절의 변화를 달력으로 확인하는 일상에 익숙해졌다. 그러나 도시 경험은 결코 한 가지 감각으로 환원되지 않는다. 공간은 언제나 다중 감각적 층위 속에서 이해되어야 한다.

## 눈을 감은 채 도시를 느끼다

늦가을 난지도 하늘공원에 올라가보자. 서울 전체가 발아래 펼쳐진다. 그러나 정작 이 공간의 매력은 보이는 것이 아니라, 느껴지는 것에 있다. 바람에 흔들리는 억새 소리, 발밑의 부드러운 흙길, 멀리서 들려오는 도시의 웅성거림까지. 대부분의 도시 공간이 시각에만 의존하는 현실에서, 하늘공원은 우리의 잠들어 있던 감각들을 하나씩 깨워낸다.

난지도 하늘공원은 서울의 환경 역사에서 가장 극적인 변화를 보여주는 장소다. 1978년부터 1993년까지 15년간 서울시의 주요 쓰레기 매립지였던 이곳은 한때 100미터 높이의 거대한 '쓰레기 산'이었다. 당시 난지도는 서울 시민들에게 감각적으로 '피해야 할 곳'이었다. 멀리서도 맡을 수 있는 악취, 쓰레기차들의 소음, 먼지가 날리는 흐릿한 풍경까지 모든 감각이 거부감을 불러일으켰다.

2002년 월드컵을 앞두고 시작된 환경 복원 사업을 통해 이곳은 평화의공원, 하늘공원, 노을공원으로 구성된 월드컵공원으로 재탄생했다. 그중 하늘공원은 해발 98미터 언덕 위에 조성된 19만 제곱미터 규모의 억새 테마공원이다. 거대한 쓰레기 산이 은빛 억새 물결로 바뀐 장면은 서울 도시재생의 상징이 되었다.

이곳은 방문객이 발을 들이는 순간부터 감각의 여정이 시작된다. 가장 먼저 압도하는 것은 도시에서는 드문 광활함이다. 가을에 황금빛 억새밭이 바람에 물결치는 광경은 마치 바다처럼 일렁인다. 바람의 방향에 따라 억새밭 전체가 살아 움직이는 듯한 모습은 도시의 경직된 시각적 리듬과는 전혀 다른 경험을 제공한다.

높은 고도에서 바라보는 서울의 파노라마도 독특한 시각적 경험이다. 북한산과 도봉산부터 한강, 도심의 빌딩 숲까지 서울의 자연과 도시가 한눈에 들어온다. 이 조망은 그저 전망을 보는 차원이 아니라, 도시와 자신의 관계를 재정립하게 만드는 순간이다.

시각적 장관 못지않게 중요한 것은 청각적 풍경이다. 하늘공원에서는 바람 소리가 가장 먼저 들린다. 사방이 트여 있어 바람이 끊임없이 지나가기 때문이다. 억새와 볏과 식물들 사이를 통과하며 만들어내는 바람의 소리는 마치 잔잔한 파도처럼 들린다.

특히 인상적인 청각 체험은 계절에 따라 달라진다. 봄과 여름에는 종달새, 직박구리, 참새들의 지저귐과 함께 매미와 풀벌레들의 울음소리가 공원을 채운다. 가을과 겨울에는 소리의 풍경이 바뀌어 억새 이삭들이 서로 부딪히며 '사각사각' 소리를 내고, 강한 바람이 불 때는 이 소리가 더욱 커져 마치 억새의 바닷속에 들어온 듯한 청각적 몰입감을 선사한다.

발걸음을 옮길 때마다 펼쳐지는 촉각 체험도 하늘공원의 중요한 감각적 층을 형성한다. 산책로는 단조롭지 않다. 공원 초입의 단단한 아스팔트 길에서 시작해 점점 더 자연에 가까운 재료로 바뀌어 간다. 나무 데크를 지나면 발밑으로 자잘한 자갈이 깔린 길이 나온다. 이 자갈들은 발바닥을 통해 미세한 압력을 전달하며, 걸을 때마다 서로 부딪히며 내는 소리도 청각적 경험의 일부가 된다.

억새밭 사이로 난 흙길도 새로운 촉각 경험이다. 비 온 뒤에는 질척이고, 건조한 날에는 부드럽게 감싸는 느낌이 든다. 흙길의 질감은 계절과 날씨에 따라 끊임없이 변화한다. 언덕을 오르내리는 과정에서 느껴지는 신체적 반응도 하늘공원만의 특별함이 있다. 서울의 공원들이 대부분 비교적 평탄한 지형인 것과 달리, 하늘공원은 처음부터 끝까지 완만한 경사를 이룬다. 언덕을 오르며 느끼는 다리의 피로감, 정상에서 맞이하는 바람의 시원함도 신체 감각을 선명하게 만든다.

난지도 하늘공원의 후각 체험은 과거와 현재의 선명한 대비를 보여준다. 한때 악취로 가득했던 쓰레기 매립지가 이제는 서울에서 자연의 향기를 느낄 수 있는 곳으로 변모했다. 봄이면 진달래와 개나리, 민들레 같은 야생화의 은은한 향기가 바람에 실려 온다. 여름, 특히 비 온 뒤는 또 다른 후각적 경험을 선사한다. 습기를 머금은 흙과 풀의 향기는 도시에서는 좀처럼 경험하기 어려운 감각이다. 가을 억새가 무르익을 때는 마른 풀잎의 건조한 향이 코를 간질인다. 겨울에는 바람이 운반해오는 차갑고 맑은 공기가 폐 깊숙이 파고든다.

하늘공원의 감각 경험은 자연스럽다. 이에 비해 포틀랜드 일본정원은 정교한 설계를 통해 정적이고 응집된 감각을 경험하게 한다. 이곳은 동양의 조경 철학이 서구 도시에서 새로운 감각 언어로 구현된 대표적 사례다. 좁은 공간 안에서 돌과 물, 식물의 배치가 만들어내는 고요와 긴장은 하늘공원의 개방성과 대조되며, 의도된 감각의 집중이 어떤 힘을 갖는지 잘 보여준다.

## 물소리가 만드는 치유의 공간

포틀랜드 일본 정원은 시각과 청각 중심의 정교한 설계를 보여준다. 이곳에 들어서면 세상이 조용해진다. 그러나 그것은 단순한 침묵이 아니라, 물소리와 바람, 발걸음이 어우러진 자연스러운 합주다. 물이 흐르는 소리, 대나무가 바람에 부딪히는 소리, 자갈을 밟는 발걸음 소리가 하나의 다층적인 교향곡을 만들어낸다.

1967년 개장한 이 정원은 제2차 세계대전 이후 미국과 일본의 화해와 교류를 상징하는 프로젝트로, 1958년 포틀랜드와 삿포로의 자매도시 결연을 계기로 구상되었다. 동양의 감각 철학이 서구 도시 한복판에서 어떻게 구현될 수 있는지, '감각의 층'을 어떤 방식으로 구체화할 수 있는지를 보여주는 교과서 같은 공간이며 관광지 이전에 문화적 화해와 이해의 무대다.

1960년대 포틀랜드는 동양 문화에 익숙하지 않은 중소 도시였다. 그곳에 정통 일본 정원을 세운 것은 하나의 실험적 시도였다. 기후 차이를 고려해 식물을 선정하는 것은 큰 도전이었으나 중요한 것은 종 자체가 아니라 그것들이 빚어내는 체험이었다. 이 정원은 전통의 기계적 모방이 아닌, 창조적 재해석이었다.

정원의 설계와 관리에는 일본의 미학적 개념인 '마(間, 시간과 공간 사이의 간격이나 여백)'와 '와비사비(侘寂, 불완전함과 덧없음의 아름다움)'가 적용되었다. 서구 정원이 대칭성과 기하학적 질서를 중시했다면, 일본 정원은 불완전함과 변화 속에서 아름다움을 발견했다. 즉, 이 정원은 서구 도시 속에서 일본적 감각 언어가 어떻게 새롭게 번역될 수 있는지를 실험한 장이기도 했다.

포틀랜드 일본 정원은 총 여덟 개의 공간으로 구성되어 있으며, 각기 다른 주제로 방문객에게 다양한 경험을 제공한다. 정원은 차경(借景, 멀리 있는 풍경을 빌려와 정원의 일부로 만드는 기법)의 기법을 현대적으로 활용하여 멀리 보이는 산과 도시의 풍경까지 내부 공간의 일부로 끌어들인다. 이러한 설계는 정원의 경계를 확장시켜 물리적 울타리를 넘어서는 무대를 만든다. 무엇보다 이 정원의 가장 큰 특징은 계절의 흐름이 곧 설계의 핵심이 되어 같은 장소도 전혀 다른 표정을 드러낸다는 점이다.

포틀랜드 일본 정원은 계절마다 주도하는 감각이 달라진다. 봄에는 시각과 후각이 살아나고, 여름에는 청각과 촉각이 두드러지며, 가을은 전환과 성찰의 계절이 되고, 겨울은 여백과 본질이 드러난다.

먼저 봄이 오면 정원은 시각과 후각의 축제가 된다. 분홍빛 벚꽃과 백매화가 만들어내는 강렬한 대비는 눈을 사로잡고, 단풍나무의 연녹색 새잎은 공간 전체에 생동감을 불어넣는다. 작은 연못가에 늘어진 가지들은 물 위에 그림자를 드리우며, 바람에 흔들릴 때마다 계절의 다른 장면을 연출한다.

여름이 되면 분위기는 고요하면서도 청량한 기운으로 바뀐다. 울창한 단풍나무와 소나무가 만든 그늘 아래에서 도시의 열기를 피해 쉴 수 있고, 연못에서 올라오는 습기가 피부에 닿으며 몸을 식힌다. 폭포수가 바위에 부딪히며 내는 굵은 물소리는 도시의 소음을 완전히 덮어버리고, 바람에 스치는 대나무 잎과 이끼의 은

은한 향기는 후각을 자극한다. 이 시기의 정원은 시각보다 청각과 촉각이 주도하며, 흐르는 물소리는 배경음을 넘어, 의도적으로 조성된 감각의 장치로 작동한다.

가을에는 전환과 성찰의 시간이 찾아온다. 10월 말에서 11월 초에 이르면 단풍이 절정에 달해 정원은 붉은색과 주황, 노란빛으로 물든다. 단풍나무들은 각자의 리듬에 따라 색을 바꾸며 한 달 동안 풍부한 색채의 변화를 이어간다. 낙엽이 연못 위에 흩어져 떠다니는 모습은 마치 자연이 그린 추상화처럼 짧은 시간 속에서 변화하는 색과 패턴이 계절의 유한함을 일깨운다. 화려한 색채가 사라진 자리에는 겨울의 절제된 감각이 모습을 드러낸다.

겨울의 정원은 여백과 본질의 계절이다. 낙엽이 모두 떨어진 단풍나무와 눈 덮인 조경은 절제된 아름다움을 보여주고 소나무의 짙은 초록과 이끼의 녹색, 눈의 흰색이 강렬한 대비를 이룬다. 모든 것이 비워진 시기에는 평소 눈길을 끌지 않던 돌의 질감, 나뭇가지의 선, 이끼의 세밀한 무늬까지 오히려 더 뚜렷하게 드러난다. 여백을 통해 드러나는 본질은 일본 정원이 전하는 미학의 정수다.

이처럼 포틀랜드 일본 정원은 사계절마다 느낌을 달리하며, 시간 자체를 감각의 층으로 전환시킨다. 정원을 반복해 찾을 때마다 계절의 변화를 느끼고 공간을 새롭게 경험해, 방문객의 인식을 한계 없이 확장시킨다. 결국 이 정원은 감각의 층을 가장 정교하게 구현한 사례이자, 도시 속에서 '머물고 싶은 공간'이 어떤 원리로 형성되는지를 보여주는 살아 있는 모델이다.

## 동서양이 만나는 감각 철학의 차이

같은 자연이라도 문화권에 따라 경험 방식은 달라진다. 난지도의 거친 자연스러움과 포틀랜드 일본 정원의 정제된 인공성은 대조적이지만, 두 공간 모두 사람들에게 치유를 선사한다.

공간 경험에도 문화적 DNA가 있을까. 동서양의 서로 다른 접근법이 어떻게 보편적인 치유 효과로 이어질까. 그리고 그 속에서 각 문화가 추구하는 가치가 무엇일까. 두 정원은 감각에 접근하는 근본적으로 다른 방식을 보여준다.

하늘공원에서의 경험은 '발견의 즐거움'이다. 어느 방향에서 바람이 불어올지, 억새가 어떤 패턴으로 흔들릴지, 어떤 새소리가 들려올지 예측할 수 없다. 이런 불확실성은 도시 생활의 경직성에 지친 이들에게 해방감을 준다.

일본 정원에서의 경험은 '완성된 조화'다. 어느 지점에서 바라보든 균형 잡힌 구성이 드러나고, 어느 계절에 방문하든 그 계절에 맞는 아름다움이 펼쳐진다. 이런 완성도는 복잡한 사회 속에서 혼란을 느끼는 사람들에게 안정감을 준다.

두 공간은 감각의 우선순위도 다르다. 하늘공원은 바람의 촉감, 발밑 흙길의 질감, 억새가 내는 소리 등 촉각과 청각을 전면에 내세우고, 시각적 장관은 그 뒤를 받쳐 더욱 풍부해진다. 반면 일본 정원은 시각과 청각의 정교한 조화를 추구한다. 모든 시각적 구성이 물소리와 함께 경험되도록 설계되어 정적인 아름다움과 동적인 변화가 서로를 보완한다.

흥미롭게도 두 공간에서 사람들이 공통적으로 가장 오래 기억하는 것은 '소리'다. 하늘공원의 억새 소리와 일본 정원의 물소리는 각각 그 공간을 상징하는 청각적 기억이 된다. 이는 청각이 다른 감각보다 감정과 기억에 더 직접적으로 연결되기 때문이다. 우리가 특정 노래를 들을 때 과거의 순간이 생생히 떠오르는 것도 같은 이유다.

하늘공원을 찾은 이들은 "바람 소리가 귓가에 남는다"고 말한다. 시골에서 자란 세대에게는 억새 소리가 향수를 불러일으키고, 도시에서 자란 젊은 세대에게는 자연의 원초적 소리에 대한 갈증을 채워주는 경험이 된다.

일본 정원의 물소리는 명상적이고 평온한 상태와 연결되어, 스트레스가 많은 현대인들에게 일종의 '치유의 사운드트랙'이 된다. 이러한 경험은 유튜브나 명상 앱에서 '자연의 소리' 콘텐츠가 폭넓게 소비되는 현상과도 맞닿아 있다. 많은 사람들이 억새밭의 바람 소리, 정원의 물소리를 반복 재생하며 치유와 회상을 경험한다.

포틀랜드 일본 정원은 '문화적 번역의 성공'을 보여준다. 일본인 방문객은 전통 정원과는 다르지만 분명히 일본적인 감각을 경험한다고 말하고, 미국인 방문객은 동양적 고요함 속에서도 익숙한 포틀랜드의 자연을 느낀다.

이는 성공적인 감각 설계가 특정 문화의 형태 재현이 아니라 그 문화가 추구하는 감각적 가치를 새로운 맥락에서 재해석하는 과정임을 보여준다. 일본 정원의 '여백', '조화', '시간성'이라는 핵심 가치는 포틀랜드의 기후와 문화적 맥락 속에서 변주되었지만,

치유 효과는 그대로 전달되었다. 난지도 하늘공원도 문화적 보편성을 드러낸다. 한국인뿐 아니라 외국인 방문객도 억새밭의 장관, 바람 소리의 치유, 넓은 공간의 해방감을 문화적 배경과 상관없이 경험한다.

하늘공원과 일본 정원은 서로 다른 방식으로 도시 생활에서 단절된 오감을 치유한다. 하늘공원은 역동성과 예측 불가성을 통해, 일본 정원은 조화와 시간성을 통해 둔해진 감수성을 깨운다.

두 공간의 성공이 지속되는 비밀은 계절과 시간의 변화를 적극적으로 설계에 끌어들였다는 점에 있다. 하늘공원의 억새는 계절마다 다른 표정을 보이고, 일본 정원의 단풍은 각자의 리듬에 따라 색을 바꾼다. 방문할 때마다 새로운 발견이 가능하도록 만든 공간만이 감각의 지속성을 보장한다.

더 중요한 것은 이런 경험이 특별한 장소에만 머무르지 않는다는 점이다. 동네 골목, 버스정류장, 사무실 로비 같은 일상 공간도 감각의 언어로 새롭게 설계될 수 있다. 하늘공원에서 억새 바람을 기억한 사람은 도시에서도 바람의 촉감을 떠올리고, 일본 정원에서 계절 변화를 온몸으로 느낀 사람은 도심 속에서도 자연의 신호를 감지한다. 중요한 것은 기술이나 자원이 아니라 도시를 감각의 생태계로 이해하는 상상력이다.

감각적 경험은 결국 건강한 생태적 기반 위에서만 가능하다. 그렇다면 도시 속에 숨어 있는 생명의 네트워크는 어떻게 이러한 감각의 층을 떠받치고 있을까?

# CHAPTER 8

## 생태 – 새 한 마리가 남산에서 북한산까지 가는 법

서울에 사는 새들은 어디서 잠을 잘까? 아침마다 창밖에서 지저귀던 참새들이 저녁에는 어디로 사라지는지 생각해본 적이 있는가.

도시의 녹지들은 우리 눈에는 따로 떨어진 공원과 하천으로 보이지만, 실제로는 서로 끈끈하게 연결되어 하나의 거대한 생명망을 이루고 있다. 땅속에서는 나무뿌리들이 서로 영양분을 주고받으며, 하천을 따라서는 물고기들이 이동하고, 바람을 타고는 꽃가루와 씨앗들이 도시 곳곳으로 퍼져나간다. 생태의 층이란 인공적으로 보이는 도시 공간 속에서 작동하는 '보이지 않는 생명의 네트워크'를 읽어내는 관점이다. 물의 순환, 공기의 정화, 생물들의 이동과 서식이 복잡하게 얽혀 하나의 살아 있는 시스템을 만들어낸다.

도시 생태계를 이해하는 방법은 여러 가지다. 자연의 회복력을 믿고 기다리는 방법부터 인간이 적극 개입해 새로운 관계를 만드는 방법, 도시 전체를 하나의 생명망으로 연결하는 방법까지 다양하다.

죽었던 강으로 돌아온 연어들, 도심에서 수영하는 시민들, 서울 하늘을 가로지르는 새들의 비행로가 보여주는 것은 도시가 눈으로 보이는 인공 구조물이 아니라 살아있는 생명체라는 사실이다.

### 자연이 스스로 치유하는 힘을 믿는다

1960년대 울산 태화강은 죽음의 강이었다. 울산이 공업도시로 지정되면서 석유화학공업, 자동차공업, 조선업이 몰려들었고, 강물은 산업폐수로 시꺼멓게 변했다. 강물이 오염돼 물고기가 살 수 없었다. 악취가 심해 사람들은 강 근처를 지나갈 때마다 코를 막고 서둘러 발걸음을 옮겨야 했다. 그런데 2022년, 놀라운 변화가 확인되었다. 연어가 돌아온 것이다.

1995년부터 2015년까지 20년간의 긴 여정 동안 태화강은 변화했다. 복원의 핵심 원칙은 바로 '자연의 자기 치유력'을 믿고 기다리는 것이었다. 먼저 오염원 차단부터 시작되었다. 강 상류의 공장들과 축산농가들이 하나씩 정화시설을 갖추기 시작했다. 이는 일방적 규제가 아니라, 지역 주민들과 함께 강을 되살리겠다는 공감대 형성이 뒷받침되었기에 가능했다.

하수처리시설을 대폭 확충하고, 공장 폐수의 무단 방류를 철저히 단속했다. 강 자체의 자정능력 회복은 그다음 단계였다. 직강화된 강을 자연스럽게 굽이치도록 복원하고, 강변에 다양한 수생식물을 대규모로 식재했다. 갈대와 부들, 창포 같은 식물들이 자연

정화 시설 역할을 하도록 했다. 콘크리트 호안 대신 자연석을 사용해 물고기들의 서식 환경을 개선했다.

가장 중요한 원칙은 자연의 시간을 인정하고 기다리는 것이었다. 강이 스스로 정화할 수 있는 생태적 기반을 만들고 긴 시간을 두고 참을성 있게 기다렸다. 당시로서는 매우 이례적인 접근이었다.

생물다양성의 회복은 단계적으로 일어났다. 수질이 개선되자 플랑크톤이 돌아왔고, 작은 물고기가 나타나자 이를 먹는 새들이 찾아왔다. 강변 식물이 무성해지면서 곤충과 양서류가 서식지를 확보했다. 2000년대 들어서는 멸종위기종인 수달의 서식이 확인되었다. 이렇게 자연은 서서히 변화하기 시작했다.

특히 연어의 회귀는 생태계 회복의 상징적 사건이었다. 연어는 바다에서 살다가 산란을 위해 깨끗한 강으로 돌아오는 생물이다. 태화강에서 연어가 발견되었다는 것은 강의 수질이 연어가 생존할 수 있을 만큼 회복되었다는 것을 의미했다.

태화강의 복원은 일시적 환경 개선을 넘어 도시 전체의 변화를 가져왔다. 강변은 시민들의 휴식처가 되었고, 생태관광지로도 떠올랐다. 시민들의 인식도 변화했다. 한때 외면받던 강이 이제는 울산의 자랑이 되었다. 아이들은 강에서 물고기를 관찰하고, 어른들은 강변을 따라 산책하며 자연과 함께하는 일상을 되찾았다.

성공의 비결은 명확했다. 오염원을 차단하고, 정화 능력을 회복시키며, 새로운 서식지를 조성한 후 자연의 회복 과정을 기다린 것이다. 20년이 걸렸지만 태화강은 죽음의 강에서 생명 넘치는 생태공간으로 변신했다. 이제 한 걸음 더 나아가 도시 전체의 설계를 통해 자연과 공존하는 방식을 살펴보자.

## 설계로 만든 공존, 강이 도시를 살린다

태화강이 자연의 회복력을 믿고 기다린 사례였다면, 독일 뮌헨의 이자르강은 인간의 설계를 통해 적극적으로 자연을 도시에 불러들인 사례다.

이자르강은 알프스산맥에서 발원해 뮌헨을 지나 도나우강으로 흘러가는 독일 남부의 주요 하천이다. 20세기 초, 홍수 방지와 수력발전을 위해 굽이진 흐름은 직선화되고, 강변에는 높은 콘크리트 벽이 세워져 도시와 강이 단절되었다. 하지만 뮌헨 시민들은 과감한 결정을 내렸다. 콘크리트를 걷어내고 강에게 자유를 돌려주기로 한 것이다. 1995년 '이자르 플랜'이 출범했고, 본격적인 복원 공사는 2000년부터 2011년까지 단계적으로 진행되었다. 이는 도시와 자연의 창조적 공존 모델을 만든 혁신적 복원 프로젝트였다.

기존에는 강을 좁은 수로에 가두는 방식으로 홍수를 관리했지만, 이자르강 복원은 '물과 함께 사는' 새로운 전략을 채택했다.

강변은 3단계 계단식 구조로 조성되었다. 평상시 물이 흐르는 주 수로는 자연스럽게 굽이치며 흐르고, 바닥에는 자연석과 자갈이 깔려 있다. 주 수로보다 약간 높은 두 번째 단계는 평평한 지역으로 잔디와 모래가 깔려 피크닉과 일광욕을 즐기는 공간이다. 가장 높은 세 번째 단계에는 나무와 관목이 심어진 숲 지역이다. 비가 많이 내려 물이 불어나면 강물은 자연스럽게 두 번째 단계까지 차오른다. 사람들은 미리 대피하고, 그곳은 일시적으로 강의 일부가 된다. 홍수가 심할 때는 세 번째 단계까지 물에 잠기기도 한다. 강이 좁은 수로에 갇혀 급류로 흐르던 과거와 달리, 복원된 이자르강은 넓게 펼쳐져 흐름이 완만해졌다. 홍수터는 평소에는 시민들의 휴식 공간이지만, 홍수 시에는 물을 담아두는 저류 공간이 된다.

이자르 플랜의 또 다른 성과는 생물다양성의 회복이었다. 자연스러운 물길과 다양한 서식지가 조성되면서 물고기, 새, 곤충, 식물이 강으로 돌아왔다. 강변의 습지는 양서류의 서식지가 되었고, 숲은 새들의 둥지 터가 되었다.

무엇보다 중요한 변화는 시민들과 강의 관계였다. 여름철 수질 검사를 통해 안전성이 확인되면 시민들은 강에서 직접 수영을 즐긴다. 강변은 일광욕을 즐기는 사람들로 가득하고, 아이들은 강에서 물놀이를 한다. 과거에는 강을 그저 지나가는 물길로만 여겼다면, 이제는 직접 뛰어들어 수영하고 휴식하는 생활 공간이 된 것이다. 여름철 강의 수질은 유럽연합 기준을 충족할 정도로 깨끗해졌다. 복원 이전보다 수질 지표가 약 60% 개선되었는데, 이는 우리나라로 치면 한강에서 수영할 수 있을 수준이다. 또한 강변 온도는 도심보다 평균 3~5도 낮아져, 여름철 자연 냉방 효과를 제공한다. 그 효과는 에어컨 수십 대를 하루 종일 가동하는 것과 맞먹는다.

태화강이 자연의 회복력에 의존했다면, 이자르강은 인간의 창조적 설계로 자연과 도시의 새로운 공존 모델을 만들어냈다. 물과 싸우지 않고 함께 사는 지혜, 그것이 이자르강이 전하는 메시지다.

그렇다면 우리나라 도시에서도 자연과 공존하는 창의적 설계는 가능할까? 이제 서울이 보여주는 도시 전체의 생태적 연결성을 탐구할 차례다.

### 연결된 녹지는 생명력을 주고받는다

태화강의 자연 회복력과 이자르강의 설계적 공존을 넘어, 도시 전체가 하나의 생명망으로 연결되는 차원이 있다. 그 대표적 사례가 서울의 생태 네트워크다. 이는 개별 공간의 성과를 넘어 전체 시스템의 연결을 통해 더 큰 가치를 창출한다.

서울의 새들은 어떻게 살아갈까? 남산에서 북한산까지, 한강에서 중랑천까지, 도시의 녹지들이 서로 연결되어 하나의 거대한 생명망을 만든다.

매일 아침 창문을 열면 들려오는 새소리를 유심히 들어보면 참새, 까치, 비둘기뿐만 아니라 계절에 따라 다른 새들의 소리도 들린다. 이들은 남산의 둥지에서 출발해 청계천을 따라 이동하고, 한강에서 먹이를 찾은 뒤 다시 북한산으로 향한다. 이 보이지 않는 연결망이 도시 생태계의 핵심이다.

호우가 내린 다음날, 청계천은 평소의 잔잔한 물결과는 달리 갈색빛 물줄기가 빠르게 흘러 도시의 먼지와 오염물질을 하류로 실어 나른다. 그러나 하류로 갈수록 물은 하천의 식물대와 자갈, 모래층을 통과하며 부분적으로 정화된다. 청계천은 기계적 배수로가 아니라, 도심을 지나며 스스로를 정화하는 살아 있는 시스템이다. 청계천 주변 대기질을 측정해보니 미세먼지가 도심보다 훨씬 적었다. 그 이유는 하천 주변의 높은 습도와 풍부한 식생이 동시에 작용하기 때문이다. 습도가 높아지면 미세먼지가 공기 중 수분과 결합해 무거워지고, 그 결과 대기 중에 오래 떠다니지 못하고 빠르게 가라앉는다. 여기에 하천 주변의 나무와 풀잎은 미세먼지를 흡착·포집하여 추가적인 정화 효과를 낸다. 청계천이 주변보다 시원한 이유도 여기에 있다. 물의 증발과 주변 식물의 증산작용이 만나 자연스러운 냉각 효과를 만들어내는 것이다.

　서울의 생태 네트워크를 지도 위에 그려본다면 어떤 모습일까? 마치 거대한 나무처럼 보일 것이다. 남산, 북한산, 관악산 같은 큰 녹지가 뿌리와 줄기 역할을 하고, 한강과 청계천 같은 하천들이 주요 가지를 이룬다. 그리고 가로수길, 공원, 아파트 단지의 녹지들이 잎사귀처럼 촘촘히 연결되어 있다. 이 모든 것이 하나의 유기체처럼 작동한다.

　남산, 북한산, 관악산, 서울숲 같은 큰 녹지는 다양한 생물의 주요 서식지이자 번식지다. 청계천, 한강, 중랑천, 안양천 같은 하천들이 핵심 거점들을 연결하는 통로 역할을 한다. 새들에게는 이동 경로가 되고, 물고기들에게는 산란을 위한 이동 통로가 된다.

　대학 캠퍼스, 아파트 단지의 녹지, 가로수길, 작은 공원들이 큰 녹지 사이사이를 이어준다. 예를 들어 남산에서 잠실 올림픽공원까지는 직선거리로는 멀지만, 중간에 청계천과 서울숲, 한강공원 같은 녹지축을 따라 이어진다. 이러한 징검다리는 새와 나비 같은 작은 동물들에게 특히 중요하다.

이런 생태 회랑의 연결성은 파편화를 방지한다. 만약 모든 녹지가 고립된 섬이라면, 각각의 생태계는 점차 쇠퇴할 수밖에 없다. 작은 개체군은 근친교배나 환경 변화에 취약하기 때문이다. 하지만 연결되어 있다면 서로 생명력을 주고받으며 더 건강한 전체를 만들어낸다.

이 모든 과정은 생태계의 구성 요소가 건강하게 잘 연결되어 있을 때 최대한 발휘된다. 토양 속 미생물이 유기물을 분해하고, 식물이 그 영양분을 흡수하며, 곤충이 꽃가루를 옮기고, 새들이 씨앗을 퍼뜨린다. 사람 또한 이 생태계의 중요한 일부다.

도시 녹지는 우리가 숨 쉬는 데 필요한 산소를 끊임없이 만들어낸다. 우리가 매일 마시는 공기는 수많은 나무들의 수고로 깨끗해지고 있는 셈이다. 생태학자들은 이처럼 도시 생태계가 제공하는 다양한 혜택을 '생태계서비스'라고 부른다. 기후와 대기 정화, 수질 정화, 홍수 조절 같은 조절 서비스. 산소 생산과 도시 농업을 통한 식량 생산 같은 공급 서비스. 휴양과 교육, 심미적 경험을 제공하는 문화 서비스. 토양 형성과 영양 순환, 서식지 제공 같은 지원 서비스가 그것이다.

기후변화 시대에 도시 생태계의 연결성은 더욱 중요해지고 있다. 연결된 녹지 네트워크는 기후 변화에 더 잘 적응하고, 도시의 회복탄력성을 높인다. 서울시는 현재 '생태축 복원 프로젝트'를 통해 단절된 녹지들을 연결하는 작업을 진행하고 있다.

서울이 보여주는 것은 연결의 힘이다. 개별 공간의 생태적 기능도 중요하지만, 그것들이 서로 연결되어 만드는 시너지가 더 큰 가치를 창출한다. 도시 전체가 하나의 거대한 생명망으로 기능할 때, 진정한 생태 도시가 완성된다.

## 미래 도시의 생태적 상상력, 2050년 서울의 꿈

2050년, 서울의 도심 기온이 지금보다 3도 오르고 극단적 폭우가 두 배로 잦아진다면, 도시 생태계는 어떻게 적응하고 진화할 수 있을까? 미래 도시는 새로운 생태적 상상력을 필요로 한다. 베이징의 거대한 녹색 방패 실험과 싱가포르의 '도시 속 정원' 프로젝트가 그 방향을 제시한다.

베이징 평원 조림 프로젝트는 도시와 사막 사이에 여러 겹의 녹색 장벽을 세우는 미래 도시 생태계의 대표 사례다. 2012년 시작된 이 프로젝트는 베이징 평원 지대에 서울 면적을 웃도는 숲을 조성하는 사업이다. 모래바람을 차단하는 방풍림, 다양한 식물들이 어우러진 생태림, 그리고 시민들의 휴식을 위한 공원이 유기적으로 연결되어 있다.

이 대규모 조림 사업을 통해 베이징의 모래폭풍 발생 빈도가 크게 줄어들었다. 과거 봄철이면 자주 발생하던 황사도 뚜렷이 줄어들었다. 황사와 미세먼지는 바람을 따라 이동하기 때문에, 중국의 조림 사업은 한반도의 대기질에도 긍정적 영향을 주었다. 미래 도시 생태계는 이처럼 지역을 넘어선 광역적 사고를 필요로 한다.

미래 도시 생태계의 특징은 기후적응형 설계다. 2050년에는 한반도와 동아시아 주요 도시의 평균 기온이 지금보다 2~3도 가까이 오를 것으로 예측된다. 특히 서울은 도시 열섬 효과와 맞물려 전 지구 평균보다 더 높은 상승 폭을 보일 가능성이 크다.

이런 변화는 도시 녹지와 생태계에 직접적인 부담을 준다. 지금의 수종과 관리 방식만으로는 기후적응에 한계가 있다. 내열성과 내건성에 강한 식물을 늘리는 동시에, 다양한 종들이 어우러져 극한 기상에도 견딜 수 있는 회복력 있는 생태계를 단계적으로 구축해야 한다.

스마트 기술과의 융합도 중요하다. 싱가포르의 스마트 녹지 관리 사례처럼 서울에서도 나무에 IoT 센서를 부착해 실시간으로 데이터를 수집하고 있다. 토양 수분, 대기 온도, 광합성 효율, 병해충 발생 등 모든 정보가 클라우드로 전송되고, AI가 이를 분석한다. 물이 필요한 나무에는 자동으로 물을 주고, 병충해가 예상되는 지역에는 미리 방제 작업을 시행한다. 서울시는 여의도공원과 서울숲에서 IoT 기반의 스마트 녹지 관리 시스템을 운영하며, 이를 통해 식물 관리 효율이 크게 높였다.

시민 과학의 확산도 주목할 만하다. 스마트폰 앱을 통해 식물과 동물을 관찰하고 기록하며, 이 데이터가 도시 생태계 관리에 실제로 활용된다. 시민은 수동적 이용자가 아니라 도시 생태계의 공동 관리자이자 연구자가 된다.

결국 핵심은 회복탄력성이다. 미래 도시 생태계는 예상치 못한 충격에도 빠르게 회복할 수 있어야 한다. 한 구역이 피해를 입어도 다른 구역이 이를 보완하고, 새로운 조건에 맞춰 스스로 변화할 수 있는 유연성을 가져야 한다. 다양성과 연결성, 적응성이 그 핵심이다.

2050년, 도시는 생태계와 인공 시스템이 밀접하게 통합된 형태가 될 것이다. 자연이 도시 인프라의 핵심이 되고, 기술이 자연의 능력을 극대화하며, 시민들이 생태계의 적극적 파트너가 되는 시대다. 이런 미래가 과연 현실이 될 수 있을까?

태화강에서 돌아온 연어들, 이자르강에서 수영하는 시민들, 그리고 서울 하늘을 가로지르는 새들이 그 답을 보여주고 있다.

## 생태의 층으로 도시를 읽는다는 것

태화강으로 돌아온 연어들이 보여준 자연의 회복력, 뮌헨 이자르강에서 수영하는 시민들이 증명한 도시와 자연의 공존 가능성, 서울 하늘을 가로지르는 새들의 이동 경로가 그려내는 거대한 생명망, 베이징의 녹색 방패가 제시하는 미래 도시의 비전까지.

생태의 층으로 도시를 읽는다는 것은 곧 이러한 연결과 흐름을 이해하는 일이라는 것을 보여준다. 물의 순환, 생물의 이동, 영양분의 전달, 에너지의 변환이 복잡하게 얽혀 도시 전체를 하나의 살아 있는 시스템으로 만든다. 우리가 매일 마시는 공기, 걷는 길, 바라보는 풍경 모두가 이 거대한 생태계의 일부다.

도심에서 만나는 큰 나무 한 그루는 작은 에어컨처럼 주변을 시원하게 만들고, 자동차가 배출하는 이산화탄소를 흡수하며 공기를 정화한다. 성숙한 가로수 한 그루가 연간 흡수하는 이산화탄소량은 자동차가 상당한 거리를 달릴 때 배출하는 양과 맞먹는다.

도시 생태 네트워크가 완성되었을 때 서울 시민들의 생활은 어떻게 달라질까? 남산에서 북한산까지 생태 회랑을 따라 이어진 숲길을 걸으며, 시민들은 도시 한복판에서도 자연과 함께하는 일상을 경험할 것이다. 아이들은 청계천에서 물고기를 관찰하고, 한강에서 철새들을 만나며, 동네 공원에서 계절의 변화를 온몸으로 느낄 것이다.

이 건강한 생태계 위에서는 문화와 공동체가 형성될 수 있다. 자연의 건강이 우리 삶의 방식을 바꿀 수 있다면, 공동체 또한 새로운 모습으로 재구성될 수 있을 것이다. 생태와 사회가 함께 회복될 때, 우리는 그저 새로운 도시 문화를 발견하는 것이 아니라, 도시 자체를 다른 눈으로 바라보게 된다. 그때의 도시는 더 이상 배경이 아니라, 우리와 함께 살아가는 하나의 생명체일 것이다.

# CHAPTER 9  문화 — 정원은 공동체를 싹틔운다

지하철에서는 각자 스마트폰을 들여다보고, 아파트 엘리베이터에서도 서로 눈을 마주치지 않으려는 현대 도시인들. 효율성과 개인주의가 지배하는 도시에서 공동체라는 말은 점점 낡은 것으로 취급되고 있다. 그런데 최근 놀라운 변화가 일어났다. 도시 곳곳에서 사람들이 흙을 만지고 식물을 가꾸며 다시 모이기 시작한 것이다. 정원이라는 매개체를 통해 서로 다른 세대와 배경을 가진 사람들이 자연스럽게 어울리고 있다. 언어와 나이가 달라도, 함께 씨앗을 심고 물을 주는 과정에서 무언의 소통이 시작된다.

경관의 '문화의 층'이란 공간이 형성하고 지속적으로 지원하는 사회적 관계와 문화적 활동을 의미한다. 정원은 그저 식물이 자라는 곳이 아니라, 사회적 가치와 인간관계가 드러나는 장소다.

순천만의 세계 정원에서는 문화적 표현의 다양성을, 필라델피아 밀 크릭의 공동체 복원에서는 조경을 통한 사회 치유의 힘을, 토드모든의 혁신 실험에서는 위기를 기회로 바꾸는 지혜를 그리고 우리 아파트 단지의 변화에서는 공동체 복원의 가능성을 발견할 수 있다. 이 이야기 속에는 정원이 문화를 담고 공동체를 만들어가는 과정들이 담겨 있다.

## 정원이 문화를 담을 때: 세계 속 한국의 정원 언어

정원은 각 사회가 자연을 해석하는 방식이 표출되는 '문화적 언어'다. 정원을 통해 각 사회의 자연관과 철학을 만날 수 있다는 점은 익숙하지 않을 수 있다. 하지만 순천만국가정원을 걸으면 생생히 느낄 수 있다. 한국 정원에서는 우리 조상들의 자연관을, 프랑스 정원에서는 기하학적 통제 의지를, 영국 정원에서는 이상화된 자연 재현을 만난다. 같은 '정원'이라는 이름 뒤에 서로 다른 문화적 언어들이 펼쳐진다.

112만 제곱미터에 펼쳐진 순천만 국가정원에는 20여 개 주제 정원이 조성되어 있다. 각각의 정원은 서로 다른 문화와 미학, 생활양식을 담고 있다.

한국 정원에 들어서는 순간, 발걸음이 자연스럽게 느려진다. 울창한 소나무 사이로 스며드는 햇살이 흙길에 얼룩진 그림자를 만들고, 발밑에서는 부드러운 흙과 낙엽이 살짝 가라앉는 촉감이 전해진다. 담장을 따라 걷다가 작은 정자에 앉으면, 정원 내 작은 연못에 비친 하늘과 그 너머로 보이는 순천만 갈대밭이 하나의 연속된 풍경을 이룬다.

이는 '차경'의 원리가 공간 전체에 구현된 장면이다. 그 결과 정원의 경계는 모호해지고, 인공과 자연이 하나의 연속적 풍경으로 이어진다. 자연을 통제하기보다 자연과 조화를 이루려는 동양적 세계관을 공간으로 표현한 것이다.

한국 정원의 부드러운 흙길을 지나 프랑스 정원의 정교한 자갈길에 들어서는 순간, 발밑의 단단한 질감이 새로운 철학을 예고한다. 먼저 기하학적으로 정돈된 형태가 눈에 들어온다. 대칭적 배치와 정교한 전정이 압도적인 질서감을 만든다. 라벤더의 진보라색이 사각형을 이루고, 회양목은 완벽한 구형으로 다듬어져 있다. 분수의 물줄기마저 계산된 듯 일정하다. 바람이 없는 날, 물방울이 떨어지는 소리는 시계 초침처럼 규칙적이다.

프랑스 바로크 양식의 정원 중앙에 서서 천천히 한 바퀴 돌아보면 어느 방향에서 보더라도 대칭과 비례의 질서가 유지되는 것을 알 수 있다. 물이 떨어지며 내는 규칙적인 소리와 자갈길의 발소리가 메트로놈 같은 리듬을 만든다. 이 질서는 혼돈을 통제하려는 인간 이성의 의지를 공간으로 구현한다.

영국 정원으로 들어서면 또 다른 자연관과 마주한다. 언뜻 자연스러워 보이지만, 실제로는 세심히 연출한 '이상적 자연'이다. 굽이진 산책로, 작은 언덕, 흐르는 개울, 무작위처럼 보이는 식재가 목가적 균형을 만든다. 18세기 영국 풍경식 정원은 프랑스 바로크에 대한 반발로 탄생했으나, 실제 자연으로의 회귀라기보다 회화적 이상을 현실 공간으로 재구성한 결과였다.

순천만국가정원에서 가장 인상적인 경험은 짧은 거리 안에서 서로 다른 문화적 해석을 연속으로 만난다는 데 있다. 한국 차경에서 프랑스의 기하학으로, 다시 영국의 자연주의로 이어지는 여정은 문화사의 단면을 공간으로 체험하게 된다.

"자연을 어떻게 바라보는가?"라는 질문에 대한 서로 다른 답이 각국 정원의 형태로 표현되어 있는 듯하다. 한국은 자연과의 조화, 프랑스는 이성적 통제, 영국은 이상화된 자연의 재현으로 응답한다. 방문객은 한국 정원의 편안함, 프랑스 정원의 안정감, 영국 정원의 그림 같은 아름다움을 경험한다. 나란히 배치된 정원들은 하나의 공간에서 세계의 정원 언어를 체험하게 한다. 문화의 언어가 형식과 미학으로 드러난다면, 참여의 언어는 관계와 치유로 드러난다. 이제 정원이 사회적 회복과 공동체 형성의 무대가 되는 사례들을 살펴볼 차례다.

## 참여형 생태조경의 힘: 필라델피아 밀 크릭 프로젝트

1997년 필라델피아 서부의 저소득층 거주 지역. 19세기 말 매립된 자연 하천 위에 지어진 집들이 지반 침하로 무너져내리고, 상습 침수가 반복되는 곳이었다. 도시 인프라의 실패가 환경 재난으로 이어지고 주민들은 해결책을 찾기 어려운 상황에 놓여 있었다.

이곳에서 펜실베이니아 대학교의 앤 휘스턴 스펀 교수가 이끄는 서필라델피아 조경 프로젝트가 시작되었다. 목표는 일시적 환경 복원이 아닌 커뮤니티 가든을 통한 지역 재생 실험이었다.

밀 크릭은 원래 몽고메리 카운티에서 시작해 서필라델피아를 지나 스퀼킬강으로 흘러들던 맑은 하천이었다. 과거 제재소와 방앗간에 동력을 제공했던 생명의 젖줄이었지만, 도시가 확장되면서 지하 하수관로로 전환되었다. 참담한 결과가 이어졌다. 지반 침하와 도로 붕괴가 반복되었고, 이 지역은 사회적으로 가장 취약한 공간이 되었다.

스펀 교수는 1990년대부터 이 지역에 조경적 개입을 시작했다. 전문가가 일방적으로 설계안을 제시하는 대신, 지역 주민과 학생들이 직접 참여하는 새로운 조경 설계 방법을 시도했다.

당시 대학원생으로 이 프로젝트에 참여했을 때 처음에는 버려진 폐허 같던 공간이 주민들의 손길을 통해 서서히 변화하는 모습이 인상적이었다. 특히 언어와 문화적 배경이 다른 학생들과 지역 주민들이 공터에 정원 설계 과정을 함께하는 것 자체가 소통의 도구가 되었다.

가장 상징적인 공간은 아스펜 팜스 커뮤니티 가든이었다. 1975년 펜실베이니아 원예협회의 지원으로 버려진 택지에 조성된 이 정원을 스펀 교수와 학생들은 일상 텃밭의 한계를 넘어서는 복합 공간으로 바꿔놓았다. '메인 스트리트'라는 이름의 산책로, 나비 정원, 작은 연못이 어우러진 이곳은 지하에 매립된 하천의 기억을 공간으로 되살리는 동시에 주민들의 일상적 만남의 장이 되었다.

이 커뮤니티 가든은 지역의 사회적 구심점이 되어갔다. 주민들이 함께 가꾸는 정원 공간에서 자연스러운 만남과 소통이 이루어졌고, 버려진 공간이 지역 공동체를 엮어가는 실질적 매개체로 변화했다.

슐츠버거 중학교와 연계한 '밀 크릭 프로젝트' 교육 프로그램은 1995년부터 2000년까지 진행되었다. 당시 펜실베이니아 대학교 조경학과 대학원생들이 매주 스펀 교수와 함께 학교를 찾아가 학생들과 시간을 보냈다. 한국, 중국, 유럽 등 다양한 나라에서 온 유학생들은 자국의 문화와 역사를 소개했고, 미술 시간에 함께 참여하며 커뮤니티 가든의 텃밭도 함께 가꾸었다.

이런 만남은 저소득층 학생들에게 특별한 경험이었다. 생경한 외국 문화에 대한 관심과 호기심이 생겨났고, 간접 경험을 통해 세상을 바라보는 시각이 넓어졌다. 학생들은 자신이 사는 지역의 지형과 홍수 역사를 조사하고, 직접 야외 교실과 놀이 공간을 설계했다. 언어와 문화적 장벽을 넘어 함께 정원을 만드는 과정에서 자연스러운 소통이 이루어졌다. 조경이라는 공통분모가 서로 다른 배경의 사람들을 연결하는 매개체로 작동한 것이다.

학생들이 직접 만든 이 커리큘럼은 1999년 백악관 밀레니엄 위원회의 우수 사례로 선정되었고, NBC 뉴스에 보도되며 빌 클린턴 대통령이 학교를 직접 방문하는 성과로 이어졌다.

이 프로젝트가 가져온 변화는 수치로도 확인되었다. 1990년대 후반부터 이 지역의 범죄율이 약 20~30% 가까이 감소했고, 주민들의 지역 정착률이 높아졌으며 이주율은 낮아졌다. 무엇보다 아이들의 학업 성취도가 향상되었으며, 중도 탈락률도 절반 가량 줄어들었다. 지역에 대한 자긍심이 높아졌고, 버려진 공터들이 하나둘씩 작은 정원으로 변해갔다.

이런 성과는 커뮤니티 가든이 지역 재생의 촉매 역할을 한다는 점을 여실히 보여준다. 매립된 하천 위의 불안정한 지반에서 살아야 했던 지역 주민들은 함께 공간을 설계하고 만들어가는 과정에서 서로를 이해하게 되었다. 특히 학생들에게는 자신이 사는 동네에 대한 새로운 시각과 함께 지역 변화의 주체가 될 수 있다는 역량을 심어주었다.

밀 크릭 프로젝트는 결국 필라델피아시의 '그린 시티, 클린 워터스(Green City, Clean Waters)' 정책 수립에도 영향을 미쳤다. 커뮤니티 가든 기반의 지역 재생 모델이 도시 전체 정책으로 확산된 것이다. 뿐만 아니라 도시 기반 시설과 물 순환 관리에 지역 공동체 기반 접근법을 반영하는 계기가 되었다.

이 사례는 작은 커뮤니티 가든이 어떻게 지역 전체의 사회적, 경제적 재생을 이끌 수 있는지 보여준다. 주민들이 직접 참여하는 조경 활동이 평범한 원예를 넘어 지역 공동체의 역량을 키우고, 나아가 도시 정책까지 변화시키는 강력한 도구가 될 수 있음을 증명했다.

## 먹을 수 있는 풍경의 혁명: 토드모든이 보여준 가능성

위기는 때로 가장 창의적인 해법을 만들어낸다. 2008년 영국 북부의 작은 마을 토드모든에서 벌어진 일이 바로 그런 경우다. 19세기 산업혁명의 중심지였던 토드모든은 20세기 후반 산업 구조 변화로 일자리가 사라지고 인구가 감소하는 침체기를 겪었다. 2008년 글로벌 금융위기로 지역 경제는 더욱 위축되고 공동체 의식도 약화되었다.

섬유 산업의 쇠퇴와 금융위기가 겹치면서 마을이 침체되었을 때, 지역 주민 파멜라 워허스트와 메리 클리어는 이 상황을 해결하기 위한 질문을 던진다. 그들의 답은 명쾌했다.

"먹을 것을 심자."

경찰서 앞 화단부터 기차역 플랫폼까지, 마을 전체는 곧 거대한 정원이 되었다. 이것이 바로 '인크레더블 에더블(Incredible Edible, 먹을 수 있는 놀라운 것들)' 운동이다.

토드모든의 실험이 파격적이었던 이유는 허가를 기다리지 않고 실행했다는 점이다. 2008년 어느 날, 파멜라 워허스트는 마을 중심가의 빈 화단에 조용히 식용식물을 심었다. 불법은 아니었지만, 허가를 받지도 않았다. 다음날 아침 출근하던 주민들은 그 식물을 발견했고, 호기심은 곧 참여로 이어졌다. 한 사람의 작은 행동이 마을 전체의 변화를 이끌어낸 순간이었다.

이런 게릴라 가드닝(허가 없이 공공 공간에 식물을 심는 활동) 방식은 기존의 관료적 절차를 우회하면서도 시민들의 자발적 참여를 이끌어냈다. 정부나 지방자치단체의 계획을 기다리는 대신, 시민들이 직접 행동하며 변화를 만들어낸 것이다. 위원회도, 예산도, 계획서도 없이 변화는 시작되었다.

토드모든의 거리를 걸으면 예상치 못한 곳에서 먹을 수 있는 식물이 심겨 있는 것을 발견할 수 있다. 경찰서 앞 화단에는 양배

추와 케일이, 기차역 플랫폼에는 허브와 토마토가, 학교 담장 주변에는 딸기와 라즈베리가, 심지어 마을 묘지 입구에는 약용 허브들이 자라고 있다.

각 화단마다 "자유롭게 가져가세요"라는 표지판이 세워져 있어 누구나 필요할 때 작물을 수확해갈 수 있다. 처음에 사람들은 정말로 가져가도 되는지 망설였지만, 점차 자연스럽게 공유 문화가 정착되었다. 마을 중심에 위치한 '식용 정원'은 원래 방치된 공터였는데, 주민들이 함께 가꾸면서 마을의 랜드마크가 되었다. 계절별로 다양한 채소와 과일, 허브가 자라며, 벤치와 피크닉 테이블이 있어 사람들이 자연스럽게 모여 이야기를 나눈다.

인크레더블 에더블 운동의 가장 중요한 철학은 '3 플레이트(Three plates)' 모델이다. 첫 번째 영역은 지역 공동체(Community)로, 공공 공간에서 함께 식물을 재배하며 공동체 의식을 강화한다. 두 번째는 교육(Learning)으로, 모든 세대가 식량 생산에 대해 배울 수 있는 기회를 제공한다. 세 번째는 비즈니스(Business)로, 지역 경제 활성화와 지속 가능한 비즈니스 모델을 창출한다. 더 혁신적인 것은 이들이 소유권에 얽매이지 않았다는 것이다. 자신이 심은 채소를 자신만 가져가는 것이 아니라 누구나 필요할 때 가져갈 수 있도록 했다. 이런 간단한 원칙이 전통적인 사유재산 개념을 뒤흔든 것이다.

토드모든의 변화는 눈에 보였다. 마을의 빈 상점들이 하나둘 채워졌고 지역 식당들은 마을에서 재배된 작물을 활용한 메뉴를 개발했다. 관광객들은 이 독특한 '먹을 수 있는 마을'을 보기 위해 방문하기 시작했으며, 2010년대 중반에는 방문객 수가 운동 초기보다 두 배 이상 증가했다. 폐점률도 30% 가까이 줄고, 역 이용객 수도 꾸준히 상승했다.

교육의 혁신도 주목할 만하다. 학교에서는 아이들에게 식량 생산과 건강한 식습관에 대해 가르치는 교육 프로그램이 시작되었다. 아이들은 직접 씨앗을 심고, 자라는 과정을 관찰하며, 수확한 작물로 요리를 만들어본다.

특히 인상적인 것은 '그린 루트' 프로그램이다. 마을의 모든 식용 정원을 연결하는 산책로를 만들어, 주민과 방문객이 걸으면서 자연스럽게 도시농업에 대해 배울 수 있게 한 것이다. 각 지점마다 해당 식물의 재배법, 영양 정보, 요리법 등을 설명하는 안내판이 설치되어 있다.

인크레더블 에더블 운동은 2008년 시작된 이래 전 세계로 확산되고 있다. 프랑스의 알비, 독일의 안더나흐, 미국의 시애틀, 일본의 요코하마 등 세계 곳곳에서 비슷한 실험이 진행되고 있다.

각 지역별 특성에 맞게 변형했지만, 이런 확산이 가능한 이유는 인크레더블 에더블의 발상이 직관적이면서도 보편적이기 때문이다. 거대한 자본이나 복잡한 이론 없이도 작은 씨앗 하나와 참여하려는 의지만 있으면 시작할 수 있다. 토드모든의 실험은 먹을 수 있는 식물을 공공장소에 심는 소박한 실천이 공동체 관계를 회복시키고, 지역 경제를 살리며, 나아가 세계적 변화를 촉발할 수 있다는 가능성을 보여줬다.

도시 혁신은 거창한 계획에서만 나오지는 않는다. 일상의 정원은 문턱이 낮은 실험실이 될 수 있다.

## 일상 속 만남을 디자인하는 조경

매일 지나치는 아파트 단지 정원에서 벌어지는 작은 변화들을 눈치챈 적이 있는가? 예전의 획일적인 조경에서 벗어나 이제는 주민들이 직접 가꾸는 텃밭과 커뮤니티 정원이 생겨나고 있다.

아이들이 흙을 만지고 어른들이 식물을 돌보며 이야기를 나눈다. 세대가 함께 손을 움직이는 그 순간, 정원은 대화의 장소가 된다. 이런 일상적인 장면들이 바로 조경 설계가 만들어낸 자연스러운 만남의 순간들이다.

우리나라 아파트 단지의 외부 공간은 주거문화와 함께 큰 변화를 겪어왔다. 이러한 변화는 일시적 디자인 트렌드를 넘어, 사회적 가치관과 생활방식의 변화를 반영한다.

1970~80년대 초기 아파트 단지에서 조경은 주로 시각적 기능에 초점이 맞춰져 있었다. 단정하게 정돈된 잔디밭, 일렬로 심어진 가로수 그리고 봄에만 잠시 꽃을 피우는 철쭉 정도가 전부였다. 주민들이 실제로 이용할 수 있는 공간이라기보다는 단지의 격을 높이는 장식적 요소였다.

1990년대부터 아파트 단지의 조경은 점차 기능적 측면이 강화되었다. 어린이 놀이터, 산책로, 휴게 공간 등이 세심하게 계획되었고 수종도 다양해졌다. 2000년대 이후 아파트 조경에 대한 인식이 근본적으로 변화하기 시작했다. 조경은 미적 요소나 부가 가치가 아니라 주거 환경의 질을 결정하는 핵심 요소로 자리 잡았다. 이러한 변화의 배경에는 웰빙과 친환경에 대한 관심, 공동체 의식회복의 필요성, 기후변화에 대한 인식이 있었다.

이제는 다양한 연령층의 만남을 유도하는 정교한 공간 계획이 이루어진다. 최근 준공된 아파트 단지들의 '세대 통합 정원'은 조경 설계의 섬세함을 잘 보여준다.

중앙에는 원형 화단이 있고, 그 주변으로 높이가 다른 벤치들이 동심원을 그리며 배치되어 있다. 낮은 벤치는 아이들이, 등받이가 있는 벤치는 어르신들이, 중간 높이의 평상 형태는 젊은 부모들이 주로 이용한다. 이런 설계의 지혜는 세부적인 요소에서 더욱 드러난다. 화단에는 계절별로 다른 향기를 내는 식물들이 심겨 있다. 봄에는 라벤더와 로즈메리, 여름에는 바질과 민트, 가을에는 국화와 마리골드가 향기를 풍긴다. 그 향기들은 감각적 즐거움을 넘어 세대 간 대화의 매개체가 된다.

더욱 흥미로운 것은 시간대별 이용 패턴이다. 오전에는 어르신들이 산책하며 화단을 돌보고 오후에는 아이들이 뛰어놀며 저녁에는 젊은 부모들이 아이들과 시간을 보낸다. 같은 공간이지만 시간대별로 다른 주체들이 이용하면서, 서로에 대한 이해와 배려가 형성된다.

최근 일부 아파트 단지들은 단지 내 텃밭이나 주민 참여 정원을 조성하여 주민들이 직접 식물을 기르고 관리할 수 있는 기회를 제공하고 있다.

이 '주민 텃밭'은 경작 공간을 넘어 일상적 만남의 계기를 제공한다. 주말마다 텃밭 활동이 진행되고, 계절별로 수확 행사를 열어 주민들이 함께 기른 작물을 나누는 시간을 갖기도 한다. 아이들

# BOOK21

## 신간 및 베스트셀러

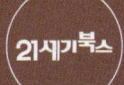
21세기북스는 급변하는 시대의 흐름 속에서 독자의 요구를 먼저 읽어내는 예리한 시각으로 〈칭찬은 고래도 춤추게 한다〉, 〈설득의 심리학〉 등 밀리언셀러를 출간하며 경제 경영 자기계발 분야의 독보적인 브랜드로서 자리매김했습니다.

 21cbooks　　 jiinpill21　　 21c_editors

북이십일의 문학 브랜드 아르테는 세계와 호흡하며 세계의 우수한 작가들을 만납니다. 국내에 소개되지 않은 혹은 잊혀서는 안 되는 작품들에, 새로운 가치를 담아 재창조하여 '깊고 아름다운 책'을 만들고자 합니다.

 21arte　　 21_arte　　 staubin

## 베스트셀러

### 법의학자 유성호의 유언 노트
후회 없는 삶을 위한 지침서
유성호 지음 | 값 19,900원

"오늘의 유언이 내일의 삶을 위한 다짐이 된다!"
『나는 매주 시체를 보러 간다』이후 6년, 매일 죽음을 만나는
유성호 교수가 1년에 한 번 '유언'을 쓰며 발견한 삶의 본질과 태도

---

### 입시를 책임지는 초3 수학 캠프
고학년 되기 전, 상위 1% 수학머리를 완성하라
류승재 지음 | 값 22,000원

"초3 수학이 수능 1등급을 결정한다!"
10년 뒤 대입까지 흔들리지 않는 수학 체력!
28년차 베테랑 수학 강사 류승재의 초격차 수학 강의

---

### 뇌가 멈추기 전에
서울대학교병원 뇌신경학자의 뇌졸중을 피하고
건강하게 오래 사는 법
이승훈 지음 | 값 19,900원

"앞으로 당신의 인생에 뇌졸중은 없습니다"
방치된 혈압, 혈당, 콜레스테롤, 심장 리듬을 되찾고
4가지 단계별 전략으로 백년 가는 뇌를 만들어라

---

### 오징어약사의 혈당 블로킹
식습관, 운동, 수면, 영양제까지 혈당 스파이크를 막는 4가지 방패
오징어약사(김선영) 지음 | 값 19,000원

당뇨 전 단계를 진단받고 약 없이 정상 수치를 회복한 현직 약사의
'3+1 혈당 블로킹' 전략! 식재료 선택부터 식사법, 운동법, 수면 루틴 등
혈당 관리를 위한 구체적 실천 도구를 제공한다

---

### 아이의 말 연습
무례함을 참지 않고 당당하게 말하는 대화 연습
김성호 지음 | 값 19,900원

"말하기도 연습이 필요합니다!"
대한민국 45만 교사들의 멘토, 28년 차 현직 교사의 생생한 인사이트
부모와 함께 감정을 이해하고 표현하는 연습하기

## 스테디셀러

### 곰탕 1, 2 (10만 부 판매 기념 에디션)
김영탁 지음 | 각권 값 17,900원

가장 돌아가고 싶은 그때로의 여행이 시작되었다!
영화 〈헬로우 고스트〉 〈슬로우 비디오〉 김영탁 감독 첫 장편소설
독자들이 열광한 화제의 베스트셀러 10만 부 판매 기념 에디션

### 프레임
"최상의 프레임으로 삶을 재무장하라!"

최인철 지음 | 값 22,000원

프레임을 바꾸면 문제를 바라보는 관점이 바뀌고 마음가짐이
바뀌며 나아가 삶이 변화한다. 일생에 한 번은 꼭 읽어야 할
심리학 바이블이자 50만 독자가 선택한 스테디셀러

### 노희영의 브랜딩 법칙
기획, 개발부터 마케팅, 컨설팅, 경영까지!
전무후무한 브랜드 전략가의 30년 노하우

노희영 지음 | 값 22,000원

30여 개 브랜드의 성공 과정을 통해 트렌디한 콘셉팅 노하우,
허를 찌르는 마케팅 전략, 경영 기본 원칙, 퍼스널 브랜딩 방법 등
노희영을 대체 불가능한 존재로 거듭나게 한 비밀을 보여준다

### 세상에서 가장 쉬운 본질 육아
삶의 근본을 보여주는 부모, 삶을 스스로 개척하는 아이

지나영 지음 | 값 18,800원

"본질에 집중할 때, 내 아이가 빛나기 시작한다!"
한국인 최초 존스홉킨스 소아 정신과 지나영 교수가 전하는
궁극의 육아법
대한민국에 새 물결을 일으킬 육아 필독서!

### 천 번을 흔들리며 아이는 어른이 됩니다
사춘기 성장 근육을 키우는 뇌·마음 만들기

김붕년 지음 | 값 17,800원

"아이 스스로 불안을 마주하게 하라!"
대한민국 사춘기 부모&자녀 멘토 김붕년 교수의
예민한 시기를 넘어 단단한 인생으로 이끄는 성장 법칙

## 새로 나온 책

### 까불지 마, 인생 안 끝났어
인생 9할을 웃음으로 버틴 순자엄마의 65년 인생 내공 에세이
순자엄마(임순자) 지음 | 값 15,900원
"오늘도 조졌다고? 원래 그려. 살아보면 알아, 별일 아녀. 다 지나가!"
가난한 공장 소녀에서 쿨한 시어머니가 되기까지
순자엄마가 고단한 이들에게 전하는 세상에서 가장 따뜻한 응원

### 영수와 0수
김영탁 지음 | 값 17,900원
"죽기 위해 살려야만 하는 독특한 이야기!"
천선란 작가, 넷플릭스 〈D.P.〉 한준희 감독 강력 추천
웃음과 눈물, 재미와 사유가 함께하는 SF 미스터리
한국 SF 문학의 새 지평을 연 『곰탕』 김영탁 감독의 신작 장편소설

### 수연이네 사 남매 사계절 완밥 레시피
30분 만에 한 그릇 뚝딱하는 베스트 메뉴
유수연 지음 | 28,000원
"입 짧은 아이도 싹 비우는 완밥의 기적!"
'사계절 제철 식재료'부터 '아빠표 특별 레시피'까지
100만 인플루언서 수연이네의 온 가족 사계절 레시피 100선

### 어차피 내 인생, 망해도 멋있게
지옥에 첫발을 내딛는 너에게 꼭 들려주고 싶은 150가지 진심
이현석 지음 | 값 19,000원
"눈치 보지 마, 비교하지 마, 너의 속도대로 걸어가"
지친 하루하루를 보내는 젊은 세대에게 어설픈 위로보다
진심 어린 팩폭을 던지며 한 걸음 더 걸어갈 용기를 북돋워준다

### 휠 오브 타임(전3권)
로버트 조던 지음 | 값 165,000원
『반지의 제왕』 『왕좌의 게임』 그 이상의 세계,
세계 3대 하이 판타지 『휠 오브 타임』 한국어판 최초 출간!
차원이 다른 깊이와 스케일, 당신의 독서 인생을 뒤흔들 세기의 걸작
아마존 오리지널 드라마 〈휠 오브 타임〉 원작

은 식물이 자라는 과정을 관찰하며 자연과 음식에 대한 이해를 높일 수 있다. 어른들은 함께 가꾸는 과정에서 이웃과의 관계를 형성하고, 바쁜 일상에서 잠시 벗어나 자연의 리듬에 귀 기울일 수 있는 기회를 갖는다. 어린이 생태학습 공간도 주목할 만하다. 나비 정원, 감각 정원, 식용 정원 등 다양한 테마 공간이 마련되어 아이들이 오감으로 자연을 경험할 수 있다.

아파트 단지의 조경 변화는 정원이 장식적 요소를 넘어, 삶의 질을 높이고 이웃과의 관계 형성에 중요한 역할을 한다는 인식을 보여준다.

개인 정원을 갖기 어려운 도시 환경에서, 공유 정원과 커뮤니티 조경은 도시민의 자연에 대한 갈증을 해소하고 이웃과의 관계를 회복하는 중요한 역할을 한다. 작은 텃밭 한 구획, 함께 가꾸는 화단 하나가 이웃을 만나고 관계를 형성하는 소중한 매개체가 된다. 정원은 이제 참여와 관계, 치유가 이루어지는 일상의 무대다. 공간에 스며든 세심한 배려가 바쁜 도시 생활 속에서도 이웃이 될 수 있는 순간들을 만들어준다.

## 정원이 만드는 새로운 도시 문법

씨앗을 심고, 물을 주고, 수확하는 소박한 행위는 세대와 계층, 문화적 차이를 넘어 소통을 가능하게 한다. 순천만에서는 문화의 다양성이, 필라델피아 밀 크릭에서는 커뮤니티 가든을 통한 지역재생이, 토드모든에서는 공유경제와 식용정원의 혁신이, 아파트 단지에서는 세대 간 소통과 일상적 관계 형성이 돋보였다.

모든 사례를 관통하는 것은 사람들이 식물을 돌보는 과정에서 서로를 이해하게 된다는 점이다. 더 중요한 것은 이러한 변화가 전 세계적으로 동시에 일어나고 있다는 점이다. 기후 위기와 사회적 분열이 심화되는 시대에, 정원은 생태적 회복과 사회적 치유를 동시에 추구할 수 있는 통합적 해답을 제시하고 있다.

정원을 문화의 층위에서 바라볼 때, 우리는 식물과 흙 이상의 것을 보게 된다. 사람들 사이의 관계, 세대 간 소통, 다양한 문화의 공존, 지역사회의 회복력이 보인다. 도시 정원은 더 이상 예쁘게 꾸며진 녹지 공간이 아니라, 도시의 문화적, 사회적 DNA를 담아내는 살아 있는 공간이다.

이제 문화와 공동체의 층에서 역사의 층으로 시선을 옮겨보자. 정원이 만드는 현재의 관계들이 시간이 흐르면서 어떤 기억으로 축적되고 전승되는지 살펴볼 차례다. 오늘의 참여가 내일의 기억이 되고, 그 기억이 쌓여서 도시의 역사가 된다.

## CHAPTER 10  역사 — 경주와 로마가

## 문화유산을

## 대하는 법

 경관은 시간의 저장고다. 특히 오랜 역사를 간직한 도시 경관에는 여러 시대의 흔적이 켜켜이 쌓여 있다. 로마의 도시 경관은 지하와 지상, 과거와 현재가 겹겹이 포개져 있는 공간이다. 한 장소 안에서 수 세기의 흔적이 공존하며, 도시는 그 자체로 '시간의 층위'를 보여준다.

 중첩된 시간의 흔적은 우리나라에서도 찾아볼 수 있다. 서울 종로구 인사동 골목길 스타벅스 매장에서는 현대적 간판이 한옥의 처마와 어우러지고, 조선시대 돌담 위로 현대식 가로등이 빛을 밝힌다. 도시의 아스팔트 아래에는 과거의 길이, 건물 기초 아래에는 이전 시대의 구조물이, 공원의 지형 아래에는 이미 사라진 마을의 기억이 묻어 있다.

 서구가 폐허 속에서 발견하는 영원의 가치, 동양이 복원을 통해 되살리는 순환의 지혜, 21세기 동서양 융합의 창조적 실험, 그리고 현재가 미래 역사로 전환되는 과정까지. 2000년의 시간을 다루는 네 가지 서로 다른 방식들은 각각 독립된 완결된 이야기이면서, 동시에 시간을 다루는 인류의 지혜를 보여준다.

## 폐허에서 피어나는 영원: 서구의 역사 미학

로마의 포로 로마노(Foro Romano, 고대 로마 공회장)에 들어서면 거친 현무암 판석이 깔린 길이 펼쳐진다. 이 돌길은 2000년 전 로마 시민들이 밟았던 길이다. 팔라티노 언덕과 캄피돌리오 언덕 사이 직사각형 광장에는 부서진 대리석 기둥들과 무너진 건물 기초만 남아 있지만, 이 공간을 채우는 것은 건축물이 아니라 겹겹의 시간이다.

줄리어스 시저 신전 주변에는 기원전 1세기에 세워진 신전의 기단과 기둥 조각이 여전히 남아 있고, 그 사이로 지중해성 야생식물이 자란다. 이곳은 로마 제국의 몰락 이후 목초지로 사용되며 오랫동안 잊혔지만, 자연은 그 사이에도 끊임없이 순환을 이어왔다.

현재 포로 로마노의 경관은 의도적으로 '미완성'으로 남겨져 있다. 잔디를 깔거나 화단을 조성하지 않고, 고고학적 발굴로 드러난 상태를 그대로 두어 방문자들이 시간의 흐름을 직접 느끼게 한다. 봄이면 폐허 사이로 양귀비가 피고, 여름에는 올리브나무 그늘이 옛돌기둥과 바닥 위로 드리운다. 이런 자연스러운 식생과 계절의 변화 또한 경관의 일부가 된다.

서구가 폐허를 보존하는 이유는 시간의 무게를 그대로 전달하기 위해서다. 로마 제국 몰락 후 이곳은 캄포 바치노(Campo Vaccino, 소들의 들판)라 불리며 목초지가 되었다. 한때 제국의 심장이었던 공간이 소와 양의 방목지로 전락한 셈이다. 르네상스 시기 귀족들이 대리석을 가져다 저택을 지으면서 유적은 황폐해졌고, 18~19세기에 발굴이 시작되며 이곳을 다시 역사적 가치의 공간으로 만들었다.

산타 마리아 안티쿠아 교회는 시간의 중첩을 가장 극명하게 보여준다. 이곳은 원래 1세기 도미티안 황제의 궁전 일부였던 건물이 6세기에는 교회로 바뀌었고, 내부에는 로마 시대 벽돌 구조와 비잔틴 성화, 후대의 라틴어 비문이 한 벽면에 겹겹이 남아 있다. 서로 다른 1500년의 흔적이 동시에 공존하는 것이다.

이 교회 주변 경관도 층층이 쌓인 시간을 보여준다. 건물 앞 작은 광장에는 1세기 로마 시대의 포장석 위에 6세기 교회 계단이 놓여 있고, 그 옆으로는 중세 시대 조성된 작은 정원의 흔적이 남아 있다. 현재는 고고학 보호를 위해 금속 지붕을 씌웠지만, 그 아래로는 각 시대의 조경 흔적들이 고스란히 보존되어 있다. 정원석, 배수로, 보행로가 시대별로 다른 재료와 기법으로 남아 있어 경관사의 변천을 한눈에 보여준다. 특히 이 교회의 지하에서는 더욱 놀라운 발견이 있었다. 보존 작업 과정에서 초기 황제 궁전의 구조와 장식이 드러나면서 시간의 층위가 선명하게 드러났다.

로마 시민들에게 이런 고대 유적은 일상적 경관의 자연스러운 배경이다. 아침에 콜로세움을 지나 출근하고, 점심에는 포로 로마노 인근 벤치에 앉아 쉬고, 밤엔 트라야누스 기둥 곁을 지나 귀가한다. 2000년 전 건축물이 오늘의 도시 경관 속에 고스란히 녹아 있는 것이다. 고대 유적과 자연 생태계가 어우러진 점도 흥미롭다. 콜로세움과 포로 로마노 주변에는 현지 자생식물들이 자연적으로 되살아났다. 포로 로마노 곳곳에서는 지중해성 관목들이 자라고, 팔라티노 언덕에는 이탈리아소나무(*Pinus pinea*)가 무리 지어서 있다. 소나무는 고대 로마 시대에도 도시 경관의 중요한 요소였으며, 현재는 자생하는 모습 그대로를 존중해 고대와 현재 경관을 연결하는 역할을 한다. 이는 현대적 조경이라기보다는 로마의 역사적 경관에 생태적 층위가 자연스럽게 복원된 사례로 볼 수 있다.

서구의 폐허 미학이 추구하는 것은 완전한 복원이 아니라 시간의 흔적 자체를 경관으로 보존하는 것이다. 독일 드레스덴의 프라우엔키르헤(Frauenkirche, 성모교회)는 이런 철학을 대변하는 사례다. 이곳은 제2차 세계대전 폭격으로 완전히 파괴된 후 60년간 폐허로 남아 있다가 2005년에야 복원되었는데, 복원 과정에서 독일인들은 옛 돌과 새 돌을 의도적으로 구분해서 사용했다. 폭격으로 파괴돼 검게 그을린 돌들 사이사이에 현대적 자재인 밝은 색의 새 돌들이 박혀 있어 마치 상처 위에 치유가 시작된 듯한 느낌을 준다.

교회 주변 광장 조성에서도 같은 철학이 적용되었다. 폭격으로 파괴된 옛 광장의 석재와 새 포장재를 배치해, 방문자가 과거와 현재의 경계를 직접 체감하게 했다. 서구식 역사 경관 조성은 이런 특징을 반영한다.

이는 서구 문화에서 일반적으로 나타나는 선형적 시간 인식과 관련이 있다. 과거는 되돌릴 수 없는 것이므로, 그 흔적 자체를 온전히 보존해야 한다는 철학이 강하다. 원형을 추측해서 복원하기보다는 발굴된 상태 그대로에서 역사적 가치를 인정하는 경향이 있다.

물론 서구에서도 파리 루브르 박물관의 유리 피라미드처럼 과거와 현재를 창조적으로 결합하는 사례들이 늘어나고 있다. 하지만 전반적으로는 역사 경관 조성에서도 '최소 개입' 원칙을 선호한다. 유적 주변에 화려한 조경을 하지 않고, 자연스러운 식생 천이가 일어나도록 두는 것이다.

그렇다면 동양의 접근법은 어떨까? 경주는 서구의 폐허 철학과는 정반대의 길을 선택했다.

## 연못에 담긴 천년의 이야기: 동양의 시간 철학

경주의 동궁과 월지(東宮과 月池, 신라 왕실의 별궁과 연못)는 동양적 시간 철학을 보여주는 대표적 공간이다. 밤이 되면 연못 가장자리를 따라 설치된 부드러운 조명이 은은하게 물 위를 비추고, 물에 비친 복원된 임해전의 그림자는 연못 위에서 조용히 흔들린다. 잔잔한 물결은 과거와 대화하는 듯한 고요함이 느껴진다. 1300년 전 신라 문무왕이 바라본 그 달과 지금 우리가 바라보는 달이 같다는 사실은 시간의 연속성을 더욱 선명하게 드러낸다.

이곳이 현재의 아름다운 모습을 되찾기까지는 험난한 복원 과정이 있었다. 1975년 발굴 당시 동궁과 월지는 진흙탕 웅덩이처럼 방치된 폐허에 가까웠다. 일제강점기와 한국전쟁을 거치며 피난민들의 임시 거처로 쓰이기도 했다.

본격적인 발굴이 시작되면서 신라시대 금속 연꽃 장식, 바둑돌과 주사위 등 왕실의 생활상을 보여주는 유물이 출토되었다. 특히 주목할 만한 발견은 "서기 695년 2월 15일, 왕이 월지에서 뱃놀이를 즐기시다"라는 내용이 적힌 목판 기록으로서 이곳이 신라 왕실의 별궁이었음을 입증하는 결정적 증거가 되었다. 동궁과 월지 복원 과정에서는 발굴을 통해 명확히 고증된 연못의 형태와 돌다리, 기단 부분을 원형에 따라 복원했다. 한편 건물의 지붕 양식이나 내부 구조처럼 고증이 불분명한 부분에 대해서는 문화재청의 문화재 복원 원칙에 따라 최소한의 현대적 해석을 적용했다. 이는 과거를 박제하는 대신 현재 속에서 되살리려는 의지를 보여준다.

서울 종묘의 은행나무들은 또 다른 방식으로 시간의 연속성을 보여준다. 조선 중기인 1519년쯤 심어진 것으로 전해지는 거대한 은행나무들이, 조선 왕조 수백 년의 격변 속에서도 자리를 지켜왔다. 매년 5월 종묘대제가 거행되는 날이면, 이 나무들 아래에서 과거와 같은 제례가 이어진다. 나무는 그 자체로 살아 있는 연대기이며 나이테에 새겨진 시간의 기록이다. 서구의 석조 건축은 시간이 지나도 형태가 크게 변하지 않는다. 그러나 동양의 목조 건축과 나무들은 계절마다 다른 모습을 보여주며 변화하고 성장한다. 이 차이는 동양 문화의 순환적 시간 인식에서 비롯된다고 볼 수 있다. 동궁과 월지에서 계절이 바뀌고 연꽃이 피고 지듯, 동양 문화는 역사를 흥망성쇠의 순환으로 이해하는 경향이 강하다.

물론 동양에서도 석굴암이나 불국사처럼 원형 그대로를 보존하는 것을 중시하는 사례가 많고, 서구에서도 과거 건축물에 새로운 기능을 부여하는 현대적 활용이 늘어나고 있다. 다만 전반적인 경향으로 볼 때, 동양적 접근은 과거를 박제하기보다는 현재 속에서 되살리고, 완전한 보존보다는 지속적인 재생을 추구하는 특징을 보인다.

한국의 전통 한옥 보존 방식은 이런 동양적 시간 인식을 잘 보여준다. 서구의 눈에는 이해하기 어려운 방식일 수 있다. 조선시대에 지어진 한옥은 수백 년 동안 기둥·서까래·기와가 여러 차례 교체되었지만 여전히 '조선시대 한옥'으로 불린다.

핵심은 무엇을 '같은 것'으로 보느냐의 차이다. 서구는 물질적 연속성을 중시한다. 로마의 콜로세움이 2000년 된 것은 그 돌과 벽돌이 2000년 전 것이기 때문이다. 반면 한국의 전통 건축은 정신적, 기능적 연속성을 더 중요시한다. 같은 장소에서, 같은 재료로, 같은 방식으로, 같은 목적을 위해 지어진다면 그것은 부재가 새것으로 교체되었더라도 그것은 '같은' 건물로 인정된다.

더 흥미로운 것은 이 과정에서 전통 기술이 어떻게 전승되는가다. 지속적으로 수리하고 보수한다는 것은 전통 목수, 기와 장인, 단청 장인들이 실제 작업을 통해 기술을 배우고 전수받는다는 의미다. 기록이 아니라 현장 작업 속에서 살아 있는 전통이 이어지는 것이다. 형태의 연속성보다 정신과 기능, 그리고 기술의 연속성을 중시하는 한국적 관점에서는 이것이 가장 확실한 보존 방법이다.

이는 곧 동궁과 월지의 복원 계획으로 이어진다. 중요한 것은 표면적으로만 옛 모습을 재현하는 것이 아니라, 그 공간이 품고 있던 정신과 기능을 현재 속에서 되살리는 일이다.

이처럼 서구의 선형적 보존과 동양의 순환적 복원은 완전히 다른 철학을 보여준다. 그런데 21세기 들어 이 두 철학이 창조적으로 만나는 실험들이 나타나고 있다.

## 서로 다른 철학의 만남: 상처와 치유가 만나는 경관

로마는 콜로세움의 무너진 아치를 그대로 둔 채 '시간은 되돌릴 수 없다'고 말한다. 반면 경주는 동궁과 월지를 복원하며 '아름다운 과거는 현재에서 다시 꽃필 수 있다'고 응답한다. 서로 다른 두 철학이 21세기에 창조적으로 만난 곳이 있다. 바로 베를린 신 박물관의 복원 프로젝트다.

베를린 신 박물관 앞에 서면, 화려한 정원이나 장식은 보이지 않는다. 오히려 가장 먼저 다가오는 것은 벽돌에 남은 총탄 자국과 무너졌던 흔적들이다. 제2차 세계대전 폭격으로 파괴된 채 수십 년 동안 방치되었던 건물의 흔적이, 복원 이후에도 그대로 남아 있는 것이다. 그런데 이 흔적은 흉물스럽지 않다. 오히려 도시가 지나온 시간을 증언하며, 경관의 일부가 된다.

1855년 완공 당시 신 박물관은 베를린 문화의 자부심이었다. 그러나 전쟁으로 건물의 70% 이상이 무너져 내렸고, 동독 시절 내내 방치되면서 내부는 폐허가 되었다. 통일 이후 독일 사회는 이 건물을 어떻게 다룰지를 두고 치열한 논쟁을 벌였다. 과거의 화려한 모습을 그대로 재현할 것인가, 아니면 완전히 새로운 현대 건축으로 대체할 것인가.

1997년 국제 현상설계에서 선택된 안은 영국 건축가 데이비드 치퍼필드의 '제3의 길'이었다. 그의 원칙은 명확했다. 남아 있는 것은 있는 그대로 보존하고, 잃어버린 것은 현대적으로 보완하되, 새로 만든 부분임을 분명히 드러내는 것. 전면 재현도, 무차별 현대화도 아닌 절제된 접근이었다.

이 원칙은 건물 외부와 조경에도 그대로 반영되었다. 주변에 새 정원이나 화단을 꾸미는 대신, 기단과 계단, 석조 테라스, 고전주의 기둥 회랑을 정비하여 19세기 도시 경관의 뼈대를 살렸다. 슈프레 운하와 맞닿은 테라스는 시민들이 앉아 쉬며 강변을 바라볼 수 있는 장소가 되었고, 회랑의 기둥 사이로 이어지는 시선 축은 섬 전체의 박물관들을 하나의 공간으로 묶어냈다.

걷는 경험 속에서 시간의 층은 더욱 선명해진다. 벽면에는 새 벽돌과 낡은 벽돌이 나란히 섞여 있어, 어느 부분이 전쟁의 흔적이고 어느 부분이 새로 보강된 것인지 한눈에 드러난다. 보행자는 걸음을 옮기며 자연스럽게 '과거와 현재가 공존하는 풍경'을 읽게 된다. 특별한 장식 없이도, 걷고 앉고 바라보는 일상의 행위가 곧 역사를 체험하는 과정이 되는 것이다.

가장 인상적인 장면은 중앙 계단이다. 과거의 화려한 장식을 복원하지 않고, 장식 없는 미니멀한 콘크리트 계단을 새로 놓았다. 낡은 벽체와 기단의 흔적 옆에서 이 모던한 계단은 오히려 주변의 역사성을 더 뚜렷하게 드러낸다. 외부 테라스와 계단, 운하 쪽 조망 포인트 역시 같은 방식으로 작동한다. 새로 만든 요소는 절제되고 담백하지만, 그 절제미야말로 오래된 흔적을 더 강렬히 부각시키는 장치가 된다.

신 박물관 외부 공간은 화려한 조경 장식 없이도 충분히 아름답다. 이곳의 경관은 나무와 꽃이 아니라, 벽돌의 질감, 기둥의 간격, 계단의 리듬, 운하의 수면 같은 요소로 구성된다. 이 모든 것이 어우러져 "시간을 드러내는 경관 문법"을 이룬다.

2009년 재개관 이후, 신 박물관은 과거를 보존한 건물을 넘어, 시민과 방문객이 '시간과 함께 사는 법'을 배우는 장소가 되었다. 시민들은 운하를 따라 산책하거나 회랑의 그늘에 앉아 쉬면서, 전쟁의 상처와 현재의 일상이 한 공간에 공존하는 풍경을 경험한다.

이 사례가 우리에게 주는 교훈은 분명하다. 역사의 보존은 단순히 과거를 되살리는 일이 아니라, 현재 속에서 다시 살아 움직이게 하는 일이라는 것이다. 신 박물관의 외부 공간은 장식적 조경이 아닌 '시간의 층을 드러내는 경관'으로서 21세기 역사 경관의 새로운 가능성을 보여준다.

### 미래가 만드는 새로운 역사: 현재의 실험들

서울 곳곳에서는 지금, 이 순간에도 미래의 역사가 만들어지고 있다. 그중에서도 청계천 복원은 21세기 초 한국 사회가 역사를 대하는 방식을 가장 선명하게 보여주는 사례다. 2005년 완공 이후 지금까지도 역사적 평가는 진행형이지만, 이곳은 분명 우리 시대의 도시적 실험을 상징하는 유산이 될 것이다.

청계천이 흥미로운 것은 하나의 공간에서 400년에 걸친 시간의 층위가 모두 중첩되어 있다는 점이다. 조선시대 한양의 생명줄이었던 자연 하천, 일제강점기와 산업화 시대를 거치며 복개된 암거, 1970년대 경제성장의 상징이었던 청계고가도로와 2000년대 도시재생의 실험장이 된 복원 하천까지. 같은 자리에서 벌어진 이 모든 변화가 현재의 청계천에 고스란히 담겨 있다.

2003년 청계고가도로 철거가 시작되었을 때 많은 사람들이 회의적이었다. "왜 멀쩡한 도로를 부수느냐"는 비판부터 "인공 하천일 뿐"이라는 우려까지, 온갖 논란이 쏟아졌다. 하지만 지금 청계천을 걸어보면 당시의 논란은 시간이 지나면서 '기억의 복원'이라는 더 큰 맥락 속에서 수용되었음을 알 수 있다. 과거 고가도로 아래의 삭막한 풍경은 지금은 시민의 기억과 일상 속에 새롭게 자리 잡은 공간으로 전환되었다.

청계천 복원이 보여주는 가장 중요한 의미는 '과거의 원형 복원'이 아니라 '현재적 재창조'라는 점이다. 복원은 과거를 그대로 복사한 것이 아니라, 오늘의 서울 시민들에게 필요한 기억과 장소성을 새롭게 구성한 것이었다.

복원 과정에서 발견된 조선시대 유구들은 일부 보존되어 전시되고 있으나 역사적 흔적의 전시는 완전한 재현이 아니라 현재적 활용을 우선시했다. 이는 앞서 살펴본 경주 동궁과 월지의 복원 철학과 맥을 같이 한다. 형태의 복원보다 기능과 의미의 복원을 중시하는 동양적 접근법이다.

청계천은 서구적 요소도 갖고 있다. 청계천박물관에서 복개와 고가도로 시절의 흔적을 보존·전시하고 있기 때문이다.

가장 상징적인 것은 청계광장 한쪽에 보존된 고가도로 기둥이다. 철거된 청계고가도로의 일부를 그대로 남겨둔 이 구조물은 과거의 흔적을 증언하는 역할을 한다. 방문자들은 이 콘크리트 기둥을 보며 불과 얼마 전까지 이 자리에 거대한 고가도로가 있었다는 사실을 실감할 수 있다.

복원 완료 후 시간이 흐른 지금, 청계천은 서울 시민들의 일상에 완전히 정착했다. 서울을 찾는 외국인 관광객들의 주요 방문지가 되었고, 시민들이 도심에서 물과 마주할 수 있는 특별한 장소가 되었다. 하지만 여전히 과제도 남아 있다. 한강에서 끌어온 물에 의존하는 구조적 한계, 생태적 건강성에 대한 지속적인 의문, 주변 젠트리피케이션 문제 등이다. 이런 문제들이 앞으로 어떻게 해결되느냐에 따라 청계천 복원 프로젝트의 역사적 평가도 달라질 것이다.

중요한 것은 청계천 복원이 성공하든 실패하든, 그 과정 자체가 21세기 초 한국 사회의 실험 정신을 보여주는 기록이라는 점이다. 경제성장 위주의 개발에서 삶의 질 중심의 도시 만들기로 패러다임이 바뀌는 전환점을 상징한다. 또한 시민들이 원하는 도시의 모습이 무엇인지를 구체적으로 보여준 사례이기도 하다.

현재의 공간이 미래의 역사가 되는 과정에서 가장 중요한 것은 시민들의 참여와 경험이다. 아무리 훌륭한 설계라도 사람들의 기억과 이야기가 없으면 역사가 되지 못한다. 청계천의 복원 과정에서 벌어진 시민 토론, 완공 후 시민들의 다양한 이용 방식 그리고 이 공간을 둘러싼 끊임없는 평가와 재평가 과정이 모두 이 공간에 역사적 의미를 부여하는 과정이다.

청계천이 보여주는 것은 역사란 과거에 완성되는 것이 아니라 현재 진행형이라는 점이다. 오늘도 청계천을 걷는 시민들, 주말마다 모여드는 방문객들, 서울을 찾는 외국인 관광객들 그리고 이 공간의 미래를 고민하는 전문가들까지 모두 청계천의 역사를 새롭게 써가고 있다.

## 시간의 층위를 읽는 눈: 조경이 만드는 역사적 가치

역사는 과거에 머무는 기록이 아니라 지금을 살아가는 우리의 이야기다. 로마 포로 로마노의 겹겹이 쌓인 흔적, 경주 동궁과 월지의 되살아난 풍경, 베를린과 서울의 새로운 해석 실험, 그리고 우리가 지금 만들어가는 새로운 공간들까지. 모든 것이 시간의 연속선상에서 대화하고 있다.

경관에서 역사적 층위를 읽는 것은 시간과 대화하는 방법을 익히는 일이다. 가장 직관적으로는 물리적 형태와 구조물의 중첩을 살펴볼 수 있다. 로마처럼 과거 건물 위에 새 건물이 들어서거나, 한 건물이 여러 시대에 걸쳐 변형된 경우 시간의 겹겹이 드러난다.

또 다른 방법은 용도와 기능의 변화를 좇는 것이다. 포로 로마노가 정치 중심지에서 목초지로, 다시 고고학 유적으로 변모한 과정은 로마 사회의 변화를 그대로 반영한다. 현대 도시에서도 산업 시설이 문화 공간으로, 군사 기지가 공원으로 바뀌는 과정에서 사회적 가치관과 필요의 변화를 읽을 수 있다.

조경이 역사적 맥락에서 특별한 것은 자연과 인간의 관계를 시간의 흐름 속에서 함께 읽어내기 때문이다. 물리적으로 건축물을 보존하거나 복원하는 것을 넘어, 그 공간에서 벌어졌던 인간의 활동과 자연의 변화를 함께 본다. 로마 포로 로마노의 야생화, 경주 동궁과 월지의 연꽃, 청계천의 물소리까지, 이 모든 요소가 역사적 서사의 일부가 된다.

이런 조경적 접근의 힘은 역사를 멈춰 있는 과거가 아니라 현재의 감각으로 경험하게 한다는 데 있다. 동궁과 월지에서 연꽃이 피는 순간, 방문자는 1300년 전 신라 사람들이 보았던 계절의 아름다움을 함께 느낄 수 있다. 청계천을 걸으며 물소리를 듣는 시민은 조선시대 한양 사람들의 일상을 상상할 수 있다.

현재적 의미를 발견하는 것도 중요하다. 과거의 흔적은 자료가 아니라 지금 우리의 삶과 이어진 살아 있는 이야기다. 경주 동궁과 월지에서 복원이 현대 한국 정원 설계에 어떤 영감을 주는지, 로마의 폐허 보존 철학이 서울의 도시재생 프로젝트에 어떤 시사점을 주는지 발견할 때 역사는 진정한 의미를 갖게 된다.

조경가의 눈으로 역사를 읽는다는 것은 시간과 공간, 자연과 인간, 과거와 현재를 함께 이해하는 것이다. 옛것을 지키는 데서 그치지 않고, 새로운 것을 더하는 데서 멈추지 않고, 과거의 지혜와 현재의 필요, 미래의 가능성을 모두 고려한 해석을 제시하는 것이 필요하다.

우리가 경관 속에서 과거를 읽어내고, 그 의미를 현재와 연결하며, 그 가치를 미래로 전달할 때, 도시는 건물과 도로의 집합이 아닌 살아 있는 문화적 유산이 된다.

시간을 품은 경관은 역사의 기록을 넘어 인간 문명의 증언이다. 우리가 누구인지 보여주는 거울이며, 변화 속에서도 이어지는 가치가 무엇인지를 일깨운다. 서구의 폐허 미학에서 배우는 무게, 동양의 순환적 복원에서 찾는 지혜, 현대적 융합에서 발견하는 가능성 그리고 현재의 실험에서 드러나는 희망까지. 이 모든 접근이 겹칠 때, 우리는 시간과 공간을 넘나드는 경관의 언어를 말할 수 있게 된다.

CHAPTER 11    경제 — 조경된 공간은 지갑을 열게 한다

 2015년과 2025년, 두 장의 사진을 나란히 놓고 보면 믿기 어려운 변화가 눈에 들어온다. 같은 성수동 연무장길인데 전혀 다른 세상처럼 보인다. 2015년에는 낡은 공장과 자동차 정비소만 보이던 회색빛 거리가, 지금은 젊은이들로 북적이는 화려한 카페 거리로 변모했다. 임대료는 크게 상승했고, 주말이면 수많은 유동 인구가 몰려든다. 낡은 벽돌 건물 사이로 자라난 담쟁이덩굴, 녹슨 철문 앞에 놓인 작은 화분, 카페테라스를 장식하는 초록 식물들. 이런 미시적인 녹색의 개입이 장소의 정체성을 바꾸고, 놀라운 경제적 가치를 창출한 것이다.

 경제의 층이란 공간이 창출하는 경제적 가치와 부동산 영향, 지역 경제 활성화를 의미한다. 이는 임대료 상승을 넘어 관광 수입, 일자리 창출, 브랜드 가치, 사회적 비용 절감까지 포함하는 복합적 개념이다. 작은 녹색의 변화가 어떻게 지역 경제를 바꾸는지, 이제 '경제의 층'을 통해 살펴보자.

## 카페 거리가 만든 경제 변화, 성수동의 놀라운 변신

2015년 성수동 연무장길은 기계 소음이 요란한 자동차 정비소, 가죽 냄새가 진동하는 구두 공장, 녹슨 철문으로 둘러싸인 창고들로 가득했다. 성수동은 서울에서 상대적으로 임대료가 저렴한 동네였다. 그런데 지금은 어떠한가. 주말이면 카페 앞에 긴 줄을 서 있고, 젊은 세대와 외국인 방문객들로 북적이는 서울 최고의 핫플레이스가 되었다.

성수동 언더스탠드 애비뉴에 발을 들여놓는 순간, 발밑으로 느껴지는 거친 아스팔트와 매끄러운 콘크리트 보도의 대비가 이 지역의 산업적 과거를 말해준다. 오래된 붉은 벽돌 건물들 사이로 스며드는 오후 햇살은 거친 질감 위에 부드러운 그림자를 만들고, 그 풍경 속에서 예상치 못한 초록이 눈에 들어온다.

카페 입구를 장식하는 올리브나무가 바람에 살랑이며 잔잔한 잎사귀 소리를 낸다. 녹슨 철문 앞에 놓인 테라코타 화분에서는 로즈메리와 라벤더 향이 번진다. 손바닥만 한 공간에도 정성스럽게 배치된 다육식물들이 초록빛 생명력을 뿜어낸다. 건물 벽면을 타고 오르는 담쟁이덩굴은 딱딱한 콘크리트에 유연함을 불어넣고, 작은 포켓 가든에서는 계절마다 다른 꽃들이 피어난다. 산업적 거칢과 자연의 부드러움이 대비되면서 성수동 카페 거리의 고유한 매력을 만든다.

사람들은 콘크리트 속에서 만난 초록 풍경에서 의외의 안도감을 느낀다. 그들은 이런 공간에서 커피를 마시고, 친구와 대화하며 사진을 찍고, SNS에 공유하면서 자신만의 추억을 만든다.

놀라운 것은 이 변화가 거대한 개발 프로젝트가 아니라 비교적 작은 시도들에서 출발했다는 점이다. 2010년대 초반, 저렴한 임대료를 찾아 이주한 예술가와 소상공인들이 낡은 창고와 공장을 리모델링해 카페·갤러리·편집숍으로 활용하기 시작했다. 대림창고 같은 공간이 랜드마크가 되면서 사람들의 발길이 모였고, 이런 창의적 공간 실험이 이어지며 거리에 점차 녹지 감수성이 더해져 성수동 변화의 불씨가 되었다.

이 변화는 겉모습의 변화를 넘어서, 사람들을 오래 머물게 하고 소비를 이끌어내는 힘으로 작용했다. 이러한 흐름은 곧 글로벌 브랜드와 결합하며, '정원'을 전략적 매개로 활용하는 본격적인 공간 실험으로 확장되었다.

자동차 정비소였던 '아모레 성수'에 들어서면 도심 속 작은 오아시스를 만난다. 건물 중앙에 자리한 '성수 가든'은 약 231제곱미터 규모에 50여 종의 식물이 저마다의 생명력을 뿜어낸다. 이 정원에 앉아 있으면 도시의 소음이 한층 부드럽게 들린다. 다양한 식물이 어우러진 작은 생태계 속에서 방문객들은 쇼핑을 넘어선 체험을 즐긴다.

화장품과 정원이 모두 '촉촉함'이라는 공통분모를 가진다는 것도 흥미롭다. 정원은 화장품을 체험하는 공간 전체를 시시각각 다른 얼굴로 변화시키며 체험을 극대화한다. 방문객들은 제품을 보는 행위를 넘어, 녹음이 우거진 공간에서 휴식을 취하고, 도시의 삭막함에서 벗어나 자연의 평온함을 느낀다. 이런 경험이 바로 재

방문을 유도하고 더 긴 체류와 소비로 이어진다. 체류 시간이 곧 경제적 가치의 원천인 것이다.

성수동의 경제적 변화는 분명하다. 상가 임대료는 지난 수년간 급상승했고, 주말 방문객은 몇 배로 늘었다. 또, 새로운 카페와 상점들이 연이어 들어서고 있다. 그러나 임대료 상승으로 인해 곧 오랫동안 자리를 지켜온 소규모 제조업체들은 퇴거해야 했다.

성수동은 작은 조경적 개입이 지역 전체의 경제적 가치를 바꿀 수 있음을 보여준다. 하지만 빛이 강할수록 그림자도 짙어진다. 성수동의 성공은 지역을 활력 있게 만들었지만, 동시에 젠트리피케이션이라는 부담을 안겼다. 조경을 통한 경제 발전이 지속 가능하려면 기존 주민과 새로운 상권이 함께 상생할 수 있는 방안을 고민해야 한다. 낡은 창고와 작은 녹색 실험에서 출발한 성수동의 변화는 경관이 지닌 경제적 힘과 그 책임을 동시에 일깨워준다.

## 싱가포르의 조경 전략: 공항에서 국가 브랜드까지

1965년 독립 당시 싱가포르는 자원도, 넓은 영토도 없는 작은 도시국가였다. 그러나 오늘날 싱가포르는 전 세계가 '정원 도시'의 대표 사례로 떠올리는 나라가 되었다. 이 변화를 가능하게 한 핵심에는 조경을 국가 전략으로 삼은 선택이 있었다.

국가 브랜드는 첫인상에서 시작된다. 비행기에서 내리는 순간부터 싱가포르의 전략이 펼쳐진다. 거대한 실내 정원이 승객들을 맞이한다. 터미널 곳곳에 위치한 버터플라이 가든에서 나비가 날아다니고, 선인장 정원에서는 사막 식물들이 이색적인 장면을 연출한다. 난초 정원에서는 싱가포르의 국화인 반다 미스 조아킴을 비롯해 수십 종의 난초가 전시되어 있다.

2019년 문을 연 '주얼 창이(Jewel Changi)'는 이 모든 것의 정점이다. 10층 높이 건물 중앙에서 떨어지는 거대한 실내 폭포 '레인 보텍스' 주위로 4층까지 이어지는 삼림 계곡 '시세이도 포레스트'가 자리한다. 유리 돔 천장을 통해 들어오는 자연광 아래에서 약 900여 종의 나무와 6만여 그루의 관목이 어우러져 실제 열대우림을 연상시키는 경관을 만든다.

여기서 중요한 것은 이 모든 것이 장식적 요소가 아니라 기능과 경험을 동시에 담고 있다는 점이다. 폭포 주변의 시원함과 습도, 나무들이 만드는 그늘은 사람들을 자연스럽게 머물게 한다. 방문객은 사진을 찍고, 벤치에 앉고, 카페를 이용하며 시간을 보낸다. 체류 시간이 늘어나면서 면세점과 레스토랑 매출이 자연스럽게 증가한다. 창이공항의 비항공 수익이 전체 수익의 60% 이상을 차지하게 된 배경이다.

공항에서의 첫인상은 시내로 들어가는 길에서 이어진다. 창이공항에서 도심으로 향하는 고속도로 양쪽으로는 끝없이 이어지는 야자수 가로수가 열대 정원의 터널을 만든다. 중앙분리대에는 계절마다 다른 꽃들이 피어나며 색채의 변화를 만들어 낸다.

일정한 간격으로 배치된 가로수들이 만드는 시각적 리듬은 차창 밖 풍경을 안정적으로 보여주고, 중간중간 나타나는 도시 스카이라인을 액자처럼 프레임한다. 짧은 이동 시간이 곧 국가의 환영식처럼 작동한다. 더 놀라운 것은 이런 경험이 대중교통에서도 동일하게 이어진다는 점이다. 지하철 역사와 버스 정류장 주변에도 동일한 식재 패턴과 색상이 반복되어 나타난다. 방문객들은 어디를 가도 "정말 싱가포르답다"는 일관된 인상을 받게 된다.

2012년 문을 연 가든스 바이 더 베이는 싱가포르 조경 전략을 상징적으로 보여주는 공간이다. 마리나 베이 해안가에 자리한 이곳의 상징은 18그루의 거대한 인공나무 '슈퍼트리 그로브(Supertree Grove)'다. 높이 25~50미터에 이르며, 장식적 조형물이 아니라 태양광을 생산하고 빗물을 모아 재활용하며 200여 종의 식물이 뿌리내린 복합적 생명 장치로 설계되었다. 낮에는 강한 햇빛을 막아주는 거대한 파라솔이 되고, 밤이 되면 빛과 음악이 어우러진 장관으로 변신한다. 이 그늘 아래 카페와 상점이 자리하며 체류가 소비로 연결된다.

해가 지면 더욱 특별한 시간이 시작된다. 매일 저녁 두 차례씩, 음악에 맞춰 15분간의 조명 쇼 '가든 랩소디'가 펼쳐진다. 슈퍼트리에서는 수십만 개 LED 조명이 나오며 음악과 호흡하며 빛의 파도를 만든다. 이 강렬한 이벤트는 사람들의 재방문을 유도하고, 주변 마리나 베이 샌즈 호텔과 레스토랑들의 저녁 매출을 크게 늘렸다.

두 개의 거대한 온실도 빼놓을 수 없다. 세계 최대 규모의 플라워 돔에는 지중해와 남아프리카 식물들이, 클라우드 포레스트에는 35미터 높이의 실내 폭포와 고산 식물들이 자리한다. 이 온실들은 입장료만으로도 연간 상당한 수익을 올리지만, 더 중요한 것은 싱가포르를 '미래 도시'로 인식하게 만드는 상징적 효과를 준다는 것이다.

싱가포르의 진짜 전략은 개별 시설의 화려함이 아니라 도시 전체의 일관성에 있다. 창이공항부터 시작된 '물-그늘-바람'이라는 기본 요소가 도심 곳곳에서 반복된다. 보행로 포장재의 색상, 가로수 수종 선택, 수직 녹화 패턴까지 모든 것이 통일된 가이드라인을 따른다.

특히 관리의 완성도가 인상적이다. 어느 거리를 가도 균일하게 다듬어진 나무, 병충해 하나 없는 깨끗한 식물, 낙엽이나 쓰레기가 전혀 없는 보행로를 만난다. 세밀한 관리가 만들어내는 청결과 질서는 시민과 방문객 모두에게 신뢰와 안전감을 준다. 사람들은 밤늦게도 안심하고 거리를 걸을 수 있고, 이는 야간 경제 활성화로 직결된다. 무엇보다 "잘 관리되는 도시"라는 이미지는 글로벌 기업들에게 강력한 신호를 보낸다. 투자 리스크가 낮고, 직원들이 살기 좋은 환경이라는 인식이 확산되면서 아시아 본사나 지역 거점을 싱가포르에 두는 기업들이 늘어났다.

숫자로 보는 결과는 명확하다. 창이공항은 세계 최고의 공항으로 9년 연속 선정되면서 연간 환승객 수가 크게 증가했다. 가든스 바이 더 베이는 연간 2천만 명 이상이 찾는 싱가포르 최고의 관광명소가 되었다. 마리나 베이 일대의 부동산 가격은 개장 이후 지속적으로 상승했고, 주변에는 럭셔리 호텔과 고급 레스토랑들이 잇따라 들어섰다.

더 중요한 것은 국가 이미지 변화다. '정원 도시 싱가포르'라는 브랜드는 관광뿐만 아니라 비즈니스 환경에 대한 긍정적 인식으로 이어졌다. 글로벌 기업들이 아시아 진출의 교두보로 싱가포르를 선택하는 비율이 크게 높아졌고, 이는 높은 부가가치 일자리 창출과 세수 증대로 연결되었다.

싱가포르 관광청 발표에 따르면, 관광업은 GDP의 4% 이상을 차지하는 핵심 산업으로 자리 잡았다. 여기에 조경 관련 기술과 노하우를 다른 국가에 수출하는 새로운 비즈니스까지 생겨났다.

싱가포르는 작은 도시국가라는 한계를 조경 전략으로 전환해 강점으로 만들었다. 공항에서 시작해 도심 전체로 이어지는 일관된 경관 전략은 방문객의 체류시간을 늘리고, 소비를 촉진하며, 브랜드 인지도를 높이고, 최종적으로는 투자와 기업 유치까지 이끌어내는 선순환 구조를 만들어냈다. 조경이 비용이 아니라 국가 차원의 투자였음을, 싱가포르는 구체적인 성과로 증명하고 있다.

### 버려진 공장이 문화 명소가 되다, F1963의 화려한 부활

"여기가 정말 부산 최고의 문화 명소라고?"

부산 수영구의 낡은 와이어 공장을 처음 찾는 사람들은 의구심을 감추지 못한다. 45년간 철강 제품을 만들던 이곳은 2008년 폐쇄된 후, 한동안 방치되었다. 녹슨 철골과 콘크리트 잔해만이 남아, 폐허의 상징처럼 잊힌 공간이었다. 그런데 지금은 복합문화공간 'F1963'이란 이름으로 부산을 넘어 전국적으로 유명한 문화 명소가 되었다.

F1963에 들어서면 가장 먼저 거대한 산업 구조물들 사이에 조성된 넓은 정원의 독특한 분위기가 방문객을 맞는다. 옛 공장에서 사용되던 철재와 와이어 제품들이 그대로 남아 정원 디자인에 통합되어, 장소의 역사성을 시각적으로 연결하는 매개체가 되었다.

오후 햇살이 높은 철골 기둥들 사이로 스며들면, 바닥에 복잡한 그림자 패턴을 만들어낸다. 시간에 따라 움직이는 그림자는 공간 속에서 '흘러가는 시간'을 시각적으로 보여준다. 중정 한가운데 앉아 있으면 거대한 공장 건물들이 만드는 웅장한 공간감과 함께 자연의 편안함을 동시에 느낄 수 있다.

바람이 불 때면 대나무숲에서 서걱거리는 소리가 들려오며, 마치 도심을 벗어난 듯한 착각을 불러일으킨다. 곳곳에 배치된 벤치에 앉아 있으면 다양한 연령대의 방문객들이 각자의 방식으로 이 공간을 즐기는 모습을 관찰할 수 있다. 어린이들은 넓은 공간에서 뛰어다니고, 연인들은 조용한 구석에서 대화를 나누며, 사진 애호가들은 독특한 건축물과 자연의 조화를 카메라에 담는다.

이 공간의 운명을 바꾼 계기는 2016년 부산비엔날레였다. 당시 비엔날레 조직위원회는 새로운 전시 공간을 찾고 있었던 중, 이 버려진 공장을 임시 전시장으로 활용하게 되었다. 거대한 공장 홀에 현대미술 작품들이 설치하고, 야외 공간에는 조각 작품들이 배치했다. 방문객들은 산업 유산의 투박함과 예술적 세련됨이 만나는 독특한 경험에 매료되었다.

비엔날레가 끝난 후에도 이 공간에 대한 관심은 계속되었다. 시민들과 문화계 인사들은 이 공간이 일회성 행사장으로 끝나지 않고 지속적인 문화공간으로 활용되기를 바랐다. 고려제강은 단기적 상업 개발 대신 재생을 선택했다. 즉각적인 수익보다 장기적 공공 문화적 가치에 무게를 두며 문화예술 복합공간으로 전환한 것이다.

재생 과정에서 가장 주목할 만한 점은 경관 창출 전략이었다. F1963에서는 기존 건물의 산업적 특성을 보존하면서도 그 주변과 내부에 광범위한 조경 공간을 조성했다. 이 공간들은 부지 전체의 정체성을 형성하는 핵심 요소였다. 특히 중앙정원은 실내외 공간을 연결하는 허브 역할을 한다. 방문객들은 카페에서 커피를 마시다가 자연스럽게 정원으로 나와 산책을 하고, 다시 서점에 들러 책을 보거나 갤러리에서 전시를 관람한다.

계절의 변화는 이 공간에 시간적 깊이를 더한다. 봄에는 벚꽃과 목련이 피어나고, 여름에는 울창한 녹음이 공간을 덮으며, 가을에는 단풍이 물들고, 겨울에는 조명과 함께 특유의 분위기를 자아낸다. 계절마다 다른 풍경은 방문객들을 다시 불러들이는 힘이 된다.

이곳은 2017년 정식 개장 후 많은 시민과 관광객이 찾으면서 지역 경제가 활성화되는 효과를 가져왔다. 개관 첫 해에만 약 30만 명이 방문했고, 2020년 이후에는 연평균 50만 명 이상이 찾는 명소로 자리 잡았다.

F1963의 영향력은 공간 자체를 넘어 주변 지역으로도 확산되었다. 가장 큰 변화는 관광객의 동선 변화다. 기존에 해운대와 광안리 등 해안가에 집중되었던 관광객들이 수영구 내륙으로 유입되

는 효과를 가져왔다. 그 결과 주변 상권의 임대료와 부동산 가치가 상승했고, '도시재생 성공 사례'로 정부 보고서에 인용되기도 했다. 무엇보다 이 변화는 버려진 공간이 문화와 조경을 매개로 경제적 가치를 새롭게 창출할 수 있음을 보여주었다.

## 작은 개입, 큰 변화, 지속 가능한 선순환의 비밀

도시재생에 과연 큰 예산이 반드시 필요할까? 서울 연남동과 종로구 통의동의 이야기는 또 다른 해답을 보여준다. 작은 화분 몇 개, 보행로 개선, 소규모 조경 개입만으로도 지역 경제에 놀라운 변화를 만들어낼 수 있다는 점이다. 핵심은 규모가 아니라, 변화가 이어지며 지속 가능한 선순환 구조를 만들어내는 데 있다. 앞서 살펴본 대규모 재생과 달리 이제는 '작게 시작해 크게 바꾸는' 사례로 시선을 낮춰보자.

연남동 '플랜트 골목'은 대규모 개발 없이도 작은 변화가 어떻게 지역의 경제적 가치를 높일 수 있는지 보여주는 대표적 사례다.

이 골목은 경의선숲길 개발 과정에서 주목받지 못했던 이면도로였으나, 담벼락을 따라 늘어선 다양한 화분들과 식물들로 인해 이제는 SNS에서 인기 있는 명소가 되었다. 골목에 들어서면 다양한 형태와 크기의 화분들이 눈에 띈다. 재활용 화분, 허브와 계절 꽃 등이 어우러져 독특한 풍경을 만든다. 중간중간 놓인 작은 벤치는 지나가는 사람들이 잠시 쉬어가도록 한다. 이런 접근법을 '전술적 어바니즘'이라고 한다. 짧은 시간, 적은 비용으로 장기적 변화를 시험하고 키우는 방식이다. 최소한의 자원으로 최대한의 변화를 이끌어내는 이 방식은 대규모 예산이나 정교한 계획 없이도 도시 공간을 변화시킬 수 있다는 가능성을 보여준다.

초기의 소규모 식재와 좌석 설치는 골목 전체로 확산되었다. 주민 참여와 재활용 자원만으로 이뤄낸 성과였다. 골목이 매력적인 공간으로 변모하자 SNS에 입소문이 퍼지며 방문객이 증가했다. 주변으로는 새로운 카페와 소규모 상점들이 문을 열기 시작했고, 지역의 상업적 가치가 상승했다. 핵심은 작은 조경적 개입이 체류를 늘리고, 늘어난 체류가 자연스럽게 소비로 이어지는 선순환을 만드는 데 있다. 골목의 작은 포토 스폿이나 잠시 쉴 수 있는 자리 하나가 머무름을 만들고, 그 머무름이 곧 경제적 가치로 전환된다.

서울 종로구 통의동은 지속 가능한 선순환의 모범적 모델이다. 발밑에 깔린 투수성 블록은 일반 아스팔트와는 다른 거친 질감을 전한다. 빗물이 스며들도록 설계된 보도는 여름에도 덜 달아올라 보행의 쾌적함을 높인다. 작은 차이가 큰 체감으로 이어진다. 골목 곳곳에 놓인 은은한 조명과 작은 화단도 눈에 띈다. 대형 가로등 대신 낮은 조명이 보행자의 눈높이에 맞춰 배치되어 밤에도 따뜻하고 안전한 분위기를 만든다. 계절마다 다른 꽃이 작은 화단을 물들인다.

통의동의 성공 비결은 단순한 경관 개선이 아니라 지속 가능한 거버넌스에 있다. 주민과 상인들의 자발적 협력이 핵심이다. 정기 모임을 통해 상점 조화, 골목 정비, 전통과 현대의 균형을 논의

한다. 특히 이 협의체는 임대료 급등이나 무분별한 상업화를 막는 자율적 장치로 작동한다. 대형 프랜차이즈의 진입을 경계하고, 지역의 역사와 문화를 반영한 로컬 비즈니스를 지원한다. 이 접근은 젠트리피케이션을 방지하면서 지역 경제를 활성화하는 실행 모델이다.

잘 가꾼 환경은 방문객을 끌어들이고 경제 활동을 촉진하며, 활발한 경제 활동은 다시 경관을 유지하는 자원과 동기를 제공한다. 작은 경관 투자가 장소 충성도를 만들고, 그 충성도가 소비와 재투자를 낳는 구조가 형성되는 것이다.

## 사람이 머무는 거리, 살아나는 공간

1960년대 덴마크 코펜하겐 시내는 자동차로 가득했다. 좁은 중세 골목길에 차들이 빼곡히 들어차면서 보행자들은 벽에 바짝 붙어 걸어야 했다. 매연과 소음은 심각했고, 상점들은 손님 감소로 고민이 깊었다. 그러던 중 시 당국은 스트뢰에 거리에서 자동차를 완전히 퇴출하는 과감한 실험을 시작했다.

처음에는 반발이 컸다. 상인들은 차량 통행이 끊기면 매출이 더 줄 것이라 우려했고, 시민들은 추운 덴마크에서 길거리를 걸으며 쇼핑하는 문화가 정착하기 어렵다고 회의적이었다. 그러나 결과는 예상과 달랐다. 자동차가 사라지자 거리 풍경은 완전히 달라졌다. 사람들은 여유롭게 걸으며 상점 앞에서 멈춰 구경했고, 카페는 야외 테이블을 설치해 시민들이 담요를 두르고 앉아 커피를 즐기도록 했다. 거리 공연가들이 모이기 시작했고, 거리는 하나의 거대한 사교 공간으로 변모했다.

경제적 효과는 즉각 나타났다. 보행자 전용 거리로 바뀐 뒤 상점 매출은 꾸준히 늘었다. 사람들이 거리에 머무는 시간이 길어지면서 소비가 자연스럽게 증가한 것이다. 이후 보행자 구역은 확대되어 오늘날 도심 전체 네트워크로 발전했다. 겨울이 긴 북유럽에서도 이런 변화가 가능했다는 사실은, 다른 기후의 도시에서는 더 큰 가능성이 있음을 시사한다.

코펜하겐의 경험은 북유럽만의 특수한 사례가 아니다. 폭염과 홍수, 한파가 일상이 된 한국 도시에도 중요한 교훈을 준다. 기후는 외부 공간 이용을 위축시키지만, 조경은 그 제약을 기회로 바꿀 수 있다. 그늘을 만드는 가로수는 폭염 속에서도 시민을 머물게 하고, 투수성 포장과 빗물정원은 폭우 속에서도 안전한 보행을 가능하게 하며, 방풍 식재와 따뜻한 조명은 추운 계절에도 거리를 열어둔다. 이렇게 조성된 환경은 시민들의 편의를 넘어 체류를 늘리고, 체류는 곧 소비와 교류, 지역 경제의 활력으로 이어진다.

조경은 기후 위기 대응을 위한 환경적 장치일 뿐 아니라, 장기적으로 도시의 경제적 지속 가능성을 떠받치는 기반이 된다. 중요한 것은 자동차 제한이 아니다. 핵심은 그 자리를 사람들이 머물고 싶어 하는 공간으로 바꾸는 일이다. 차량을 줄이는 것만으로는 충분하지 않다. 가로수, 화분, 벤치, 조명, 다양한 이벤트가 어우러질 때 거리는 비로소 살아 있는 공간이 되고, 그때 경제도 움직인다.

그러나 모든 조경 개입이 언제나 성공으로 이어지는 것은 아니다. 성수동에서 나타난 젠트리피케이션 갈등처럼, 경제적 활력이 곧바로 바람직한 결과를 담보하지는 않는다. 진정한 지속 가능성을 위해서는 몇 가지 조건이 필요하다. 무엇보다 포용적 성장 전략이 중요하다. 기존 주민과 신규 사업자가 함께 성장할 수 있는 상생의 틀이 마련되어야 한다. 서울시의 '상생 협약'이나 '젠트리피케이션 방지 조례' 같은 제도적 장치는 그 실험적 시도다.

지역 내부에서 자원을 순환시키고 부가가치를 창출하는 구조도 필요하다. 부산 F1963이 지역 예술가들과 협력하고, 부산산 식재료를 활용한 레스토랑을 운영한 사례는 외부 자본에만 의존하지 않는 내생적 발전 모델의 좋은 예다. 사회적 경제 조직 역시 중요한 축이다. 협동조합, 사회적 기업, 마을 기업은 경제적 이익과 함께 사회적 가치를 창출하며, 지역 공동체를 지속 가능하게 만드는 역할을 한다.

이 모든 것을 가능하게 하는 토대는 제도적 뒷받침이다. 조경 투자를 비용이 아니라 자산으로 인식하는 정책 전환, 민관 협력을 통한 재원 조달, 장기적 관점의 유지·관리 체계가 뒷받침될 때 조경은 도시의 경제 기반이 된다. 싱가포르가 세계적 성공을 거둘 수 있었던 것도 수십 년간 일관된 정책 추진 덕분이었다.

## 경관이 만드는 새로운 경제학

사람들은 왜 특정 장소에서 더 많은 시간을 보내고, 더 자주 방문하며, 더 많은 돈을 쓸까? 상품과 서비스보다는, 그곳에서 특별한 경험을 할 수 있기 때문이다.

F1963의 햇살 가득한 중정에서 커피를 마시는 시간, 성수동 담쟁이덩굴 카페에서 나누는 대화, 싱가포르 가든스 바이 더 베이 슈퍼트리 사이를 거니는 순간, 통의동 골목길에서의 소소한 발견…. 이런 경험들이 우리를 특정 공간으로 이끌고, 결과적으로 경제적 가치로 이어진다. 건물만으로는 결코 만들어낼 수 없는 특별한 경험의 중심에 조경이 있다. 회색빛 도시에 생명을 불어넣는 경관은 무엇보다 도시의 미래를 결정짓는 핵심 요소다. 산업화 시대에는 효율과 기능이 우선이었지만, 이제는 삶의 질과 경험의 풍요가 더 중요한 가치가 되었다. 사람들이 오래 머물고 싶은 공간, 다시 찾고 싶은 장소를 만드는 것이 경제적 성공의 열쇠다.

경제의 층을 읽는다는 것은 수치와 데이터에 머물지 않고, 조경을 통해 만들어진 경관들이 어떻게 사람들의 행동과 감정을 변화시키고, 경제적 가치로 전환되는지를 이해하는 일이다. 성수동의 거리 곳곳에서 번져 나간 녹색 변화가 지역 전체의 경제 생태계를 바꾸고, 싱가포르의 정원이 국가 브랜드를 만들어내는 과정에서 우리는 조경의 놀라운 경제적 힘을 확인할 수 있다.

성수동 카페 거리, 부산 F1963, 싱가포르 가든스 바이 더 베이와 같은 사례들은 경관이 도시의 경제적 가치를 얼마나 강력하게 끌어올리는지 보여준다. 낡은 공장과 창고가 문화 명소로, 작은 화분과 가로수가 글로벌 브랜드로 이어지는 변화를 우리는 직접 확인했다.

높아진 부동산 가격과 임대료로 인해 오랜 상점과 주민들이 밀려나고, 익숙한 일상의 풍경이 사라져간다. "예쁜 거리가 되었지만, 정작 나는 떠나야 했다"는 목소리는 성수동에서, 연남동에서, 세계 곳곳의 재생 현장에서 반복된다.

그렇다면 대안은 없는 걸까? 조경가와 도시계획가들은 이제 "가치를 만든다"에서 그치지 않고, "그 가치를 어떻게 공유할 것인가"까지 질문해야 한다.

공간 차원에서는 누구나 무료로 즐길 수 있는 광장·보행로·정원 같은 공공성을 강화해야 한다. 특정 상점이나 브랜드만이 아니라 시민 모두가 혜택을 누릴 수 있어야 한다.

정책 차원에서는 지역 기여금 제도나 장기임대 계약 같은 장치가 필요하다. 공간이 만들어낸 경제적 이익을 지역 공동체와 나누는 구조가 없다면, 가치는 곧 불평등으로 이어진다. 커뮤니티 차원에서는 주민 참여 가든, 지역 마켓 같은 프로그램이 중요하다. '소비의 무대'가 아니라 '공유와 생산의 장'이 될 때 조경의 경제적 효과는 지속 가능해진다.

조경이 만들어내는 경제적 성과는 이제 부정할 수 없는 현실이다. 하지만 진정한 성공은 임대료 곡선이 아니라, 그 공간에서 누가 남아 있고, 누가 함께 혜택을 나누는가로 평가되어야 한다. 앞으로의 도시는 "가치를 창출하는 조경"을 넘어 "가치를 분배하는 경관"을 필요로 한다. 경관은 비용이 아니라 투자다. 그것도 가장 확실한 수익을 보장하는 투자다.

**CHAPTER 12**

과학 — 의사와 경찰 대신 도시를 지키는 조경

한여름 서울 도심을 걷다가 남산 입구에 들어서는 순간, 시원해지는 건 나만의 착각일까? 왜 어떤 공간에서는 숨이 트이고, 어떤 공간에서는 답답해질까? 우리는 감각적 경험을 수치로 확인할 수 있는 시대에 살고 있다. 나무 한 그루를 심으면 에어컨 몇 대를 튼 효과가 있을까? 공원은 주변 온도를 몇 도나 낮출까? 가로수는 미세먼지를 얼마나 줄일 수 있을까?

'과학의 층'은 바로 이런 질문에 답한다. 온도 저감, 대기 정화, 소음 감소, 건강 증진 등 경관이 제공하는 혜택을 데이터로 측정하는 관점이다. 조경은 오랫동안 직관과 경험에 의존해왔지만, 이제 과학적 근거가 그 가치를 증명한다. 더 이상 '예쁘다'는 주관적 판단이 아니라, 과학적 효과가 입증된 도시 인프라로서의 객관적 근거를 갖게 된 것이다.

경관의 과학적 효과는 환경 개선에만 그치지 않는다. 도시공원에서 시간을 보낸 사람들의 스트레스 호르몬이 감소하고, 면역력이 향상된다는 의학적 연구 결과가 속속 발표되고 있다. 적절히 설계된 녹지 공간은 범죄를 예방하고 사회적 결속을 강화한다. 국내 연구에 따르면 1인당 공원면적 10제곱미터 증가 시 자살자 수가 세 명 감소하는 것으로 나타났다.

녹지 공간이 만드는 변화는 측정 가능하다. 신체활동과 사회적 접촉을 촉진하여 스트레스와 우울증을 완화하고 자살률까지 낮춘다. 과학적 데이터는 조경이 개인의 정신건강과 지역사회의 회복력을 높이는 강력한 도구임을 보여준다.

## 서울 남산에서 불어오는 거대한 자연 에어컨

한여름 오후 2시, 서울 도심의 거리는 열기로 가득하다. 명동의 아스팔트 위를 걷다 보면 발밑에서 뜨거운 기운이 올라오고, 건물 사이를 흐르는 바람마저 달아올라 있다. 그런데 명동에서 15분 정도 걸어 남산공원 입구에 도착하는 순간, 공기가 확연히 달라진다. 아스팔트에서 흙길로, 건물에서 나무로, 인공에서 자연으로의 전환이 온몸으로 느껴진다.

이런 현상은 국내외 다수의 연구들을 통해 이유가 밝혀졌다. 도시공원은 일반적으로 주변 시가지보다 여름철 낮 최고기온이 2~5도 정도 낮게 나타나는 경향이 있다.

서울시는 2019년부터 시 전역에 스마트 센서 'S-DoT(Seoul Digital Observation Things)'를 설치했다. 이 첨단 센서들은 미세먼지,

온도, 습도, 자외선, 소음, 풍향·풍속 등 9개 항목을 24시간 내내 실시간으로 측정하여 우리가 느끼는 감각을 숫자로 증명해준다. 실제로 공개한 데이터에서도 공원과 시가지의 온도 차이는 뚜렷하다.

더욱 주목할 점은 남산의 냉각 효과가 공원 내부에만 머무르지 않는다는 사실이다. 대형 도시공원의 냉각 효과는 공원 경계를 넘어 주변 지역으로 확산된다. 남산은 거대한 녹지를 넘어 서울 도심의 열 환경을 조절하는 '자연 에어컨'이다. 즉, 나무와 토양, 바람이 어우러져 도시 전체의 온도를 낮추는 하나의 시스템 에어컨이 되는 것이다.

나무는 어떻게 이런 냉각 효과를 만들어낼까? '증산작용' 덕분이다. 뿌리에서 흡수한 물을 잎을 통해 수증기로 내보내며 주변의 열을 흡수한다. 이는 사람이 땀을 흘릴 때 체온이 내려가는 원리와 같다. 동시에 나무는 연간 상당량의 이산화탄소를 흡수하고 산소를 방출한다. 성숙한 느티나무 한 그루는 1년 동안 약 20킬로그램의 이산화탄소를 흡수한다. 자동차 한 대가 도심을 몇백 킬로미터 달릴 때 내뿜는 양과 비슷한 규모다.

미세먼지 저감 효과도 크다. 직접 수행한 연구에서 도로변에 스마트 그린 인프라를 적용했을 때 약 30~40%의 미세먼지가 줄어드는 결과가 확인되었다. 실험실 결과가 아닌 실제 도로 환경에서 검증된 수치였다. 일반적으로 성숙한 가로수가 있는 거리는 그렇지 않은 구간보다 미세먼지 농도가 20~30% 낮게 나타난다. 배치와 바람길을 고려한 과학적 설계를 적용하면 효과는 더욱 커진다.

경관의 환경 개선 효과는 여기서 끝나지 않는다. 가로수와 녹지대는 교통 소음을 실질적으로 저감한다. 강남 한복판 선정릉을 걸어보면 곧장 체감된다. 바로 옆이 테헤란로인데도 차량 소음이 줄고, 울창한 고목들이 만든 자연스러운 차음 벽 덕분에 도시의 소음 대신 바람에 흔들리는 나뭇잎 소리와 새소리를 들을 수 있다.

흥미롭게도 같은 면적이라도 어떤 식물을 어떻게 배치하느냐에 따라 효과가 크게 달라진다. 평면적으로 잔디만 깔린 열린 공간보다 상층의 교목, 중층의 아교목, 하층의 관목이 함께 어우러진 다층 구조 숲이 온도 저감과 미세먼지 포집, 소음 저감에 더 뛰어나다.

이런 환경 조절 능력은 계절을 가리지 않는다. 겨울철 남산은 주변보다 평균 1~2도 높은 기온을 유지해 도심의 한기를 완화한다. 나무가 찬바람을 막고, 뿌리와 토양이 저장한 열이 서서히 방출되기 때문이다.

이처럼 남산은 그 자체로 도시의 필수요소이다. 기후 위기가 심화된 오늘날, 나무 한 그루와 공원 하나가 만들어내는 효과는 도시 생존을 지탱하는 핵심 인프라임을 보여준다.

### 미래 도시의 실험실, 조경의 힘을 숫자로 증명하다

서울 남산이 자연스럽게 보여준 놀라운 효과들을 과학적으로 분석하고 입증할 수는 없을까? 스페인 바르셀로나의 22@ 디지털 구역이 바로 해답을 제시한다. 이곳은 모든 효과를 첨단 기술을 통해 경관의 효과를 실시간 데이터로 수치화하며, 도시재생을 성공

시킨 혁신적 사례다.

    22@ 구역에 들어서면 곳곳에서 과학과 조경이 만나는 장면을 볼 수 있다. 건물 벽면을 덮은 수직 정원에는 센서들이 부착되어 온도, 습도, 대기질을 측정한다. 남산에서 막연히 '시원하다'고 느꼈던 효과가 여기서는 데이터로 나타난다.

    구역 전체에 수천 개의 IoT 센서가 설치되어 있다. 수집된 데이터는 명확하다. 수직 정원 건물 주변은 일반 건물보다 여름철 평균 3~4도 낮다. 이는 남산에서 확인했던 도시공원의 냉각 효과가 인공 녹화에서도 동일하게 작동한다는 과학적 증거다.

    식물별 생육 모니터링도 정밀하게 이루어진다. 주요 식물에는 광합성 효율을 측정하는 센서가 부착되어, 어떤 식물이 대기 정화에 가장 효과적인지, 어떤 배치가 온도 저감 효과를 극대화하는지를 보여준다. 토양 센서를 통해 옥상정원과 가로변 화단에서 수분, pH, 영양분을 실시간 측정하고, AI가 분석해 필요한 만큼만 물과 영양분을 공급한다. 그 결과 물 사용량은 기존 대비 35% 절약되었지만 식물 생육은 오히려 개선되었다.

    22@ 구역은 도시 전체를 하나의 실험실로 만든 셈이다. 환경 모니터링 네트워크가 미기후 변화를 추적하며, 새로운 녹지가 조성될 때마다 주변 온도·습도·대기질 변화를 기록한다. 일부 예비 분석에 따르면 녹지 면적이 증가할수록 미세먼지 수치가 의미 있게 낮아지는 경향이 관찰되었다. 이는 남산에서 추정했던 식물의 정화 능력이 도시 환경에서도 동일하게 측정된다는 사실을 입증한 것이다.

이 구역에서는 에너지 효율 개선에서도 뚜렷한 결과가 나타났다. 옥상과 벽면 녹화를 적용한 건물은 여름철 냉방 에너지를 약 20~30%, 겨울철 난방 에너지를 10~15% 절감한 것으로 나타났다. 이러한 수치는 세계 여러 도시의 연구에서도 일관되게 확인되는 결과로, 바르셀로나시는 이를 바탕으로 온도 상승이 심한 지역과 에너지 소비가 많은 건물을 우선 선정해 맞춤형 녹화 전략을 수립하고 있다. 직감이나 경험이 아닌, 데이터에 기반한 도시 조경 정책이다.

또한 새, 곤충, 식물의 건강 상태를 추적하는 생물다양성 모니터링이 병행되었다. 녹지가 늘어난 구역에서는 미세 곤충 종수가 증가했고, 조류의 출현 빈도도 뚜렷이 늘어났다. 숫자로 환산된 이 데이터는 조경이 생태계 회복의 핵심 수단임을 입증한다. 이 데이터는 시민에게도 공개된다. 방문객들은 스마트폰 앱으로 자신이 서 있는 곳의 온도, 대기질, 산소 생산량까지 확인할 수 있다.

남산에서 우리가 '쾌적하다'고 느꼈던 순간들 뒤에는 이런 과학적 근거가 있었다. 과학의 층에서 본 조경이 만들어낸 효과가 수치로 입증되는 과정이다. 이것이 기후변화 시대 조경의 새로운 패러다임이다.

## 숫자가 말하는 조경의 힘

도시공원과 녹지가 인간의 건강에 미치는 효과는 이제 감각적 경험에 머물지 않는다. 전 세계적으로 축적된 연구들은 그 효과를 정밀한 수치로 입증하고 있다. 예컨대 도시공원에서 두 시간 머문 사람들의 스트레스 호르몬(코르티솔) 수치는 평균 15% 감소했고, NK(Natural Killer) 세포 활성도가 증가해 면역 체계가 강화되었다. 이런 결과는 도시 녹지가 인간 건강을 지키는 과학적 근거가 된다는 사실을 보여준다.

나무가 자신을 보호하기 위해 만드는 피톤치드는 인간에게는 스트레스를 완화시켜주고 면역력 증진 효과를 준다. 일본에서는 이를 '산림욕(森林浴)'이라는 개념으로 정립해 전 세계에 확산시켰다. 한국에서도 유사한 연구들이 진행되고 있다. 규칙적으로 공원을 산책한 사람들은 혈압과 심박수가 안정되고, 스트레스 지수가 낮아졌다. 특히 주 3회 이상 공원을 찾은 고령자들은 인지 기능 저하 속도가 늦춰지고 치매 예방 효과도 확인되었다.

이런 건강 효과는 경제적으로도 큰 의미를 갖는다. 해외에서 실시된 대규모 연구에 따르면, 공원 근처에 거주하는 사람들의 연간 의료비가 그렇지 않은 사람들보다 상당히 적었다. 특히 정신과 진료비와 심혈관 질환 관련 의료비 절감 효과가 뚜렷했다.

조경의 효과는 개인의 건강을 넘어 사회적 안전으로 확장된다. 이는 '범죄예방환경설계(CPTED)'라는 개념으로 설명된다. 환경을 잘 설계하면 복잡한 장치 없이도 범죄를 줄일 수 있다는 원리다.

한번 생각해보자. 왜 어떤 골목길은 무서워서 밤에 지나가기 싫고, 어떤 공원은 혼자 있어도 안전하다고 느낄까? 바로 공간 설계의 차이 때문이다. 어둡고 시야가 막힌 골목은 범죄자에게는 유리하지만, 밝고 개방적인 공원은 범죄자가 기피하는 환경이다.

조경이 범죄 예방에 효과적인 이유는 조경 공간 자체가 자연스럽게 '안전한 환경'을 만들기 때문이다. 공원의 넓은 잔디밭을 떠올려보자. 다른 사람들의 모습이 한눈에 보인다. 범죄자 입장에서는 최악의 조건이다. 숨을 곳도 없고, 도망갈 곳도 멀다. 반면 이용자들은 주변이 트여 있어 안전감을 느낀다.

이때 섬세한 세부 설계가 중요하다. 벤치는 앉은 사람이 자연스럽게 주변을 둘러볼 수 있도록 배치해 '자연적 감시' 효과를 만든다. 나무는 그늘을 주되 지나치게 울창하지 않도록 가지치기를 하거나 낮은 관목을 활용해 시야를 확보한다. 조명도 마찬가지다. 낮에는 안전했던 공간도 밤에 빛이 부족하면 위험하다. 주요 동선을 따라 적절한 밝기의 조명을 설치하면, 이용자는 안전감을 느끼고 범죄자는 노출 위험을 크게 느낀다.

이처럼 복잡한 기계장치나 비싼 보안 시설 없이도 공간 설계만으로 범죄를 예방할 수 있다. 미국 플로리다주에서는 이런 환경 설계 기법 도입 후 재산범죄가 39% 감소했고, 영국 런던에서는 가로 조명을 개선한 것만으로 보행자 이용률이 크게 늘었다는 보고가 있다. 결국 사람들이 편안하게 모일 수 있는 공간은 그 자체로 범죄자가 기피하는 장소가 된다. 도시계획학자 제인 제이콥스가 펴낸 《미국 대도시의 죽음과 삶》에서 말한 '거리를 지켜보는 눈들'이 바로 이것이다.

녹지의 효과는 공간별 우선순위에서도 드러난다. 국내 연구에 따르면 어린이집·초등학교 주변과 지하철역·버스정류장 같은 대중교통 거점이 미세먼지 저감의 핵심 위치로 꼽혔다. 특히 오염이 심한 곳에는 무작정 식재에 집중하기보다, 오염원과 이용자 사이에 차단벽을 형성하는 방식이 더 효과적이었다. 이는 제한된 예산을 효율적으로 쓰는 과학적 전략을 제시한다.

긍정적 효과는 취약 계층 보호에서도 나타난다. 국토연구원 연구에 따르면 지역 내 편의시설과 녹지가 풍부할수록 청소년 자살 생각이 각각 27%, 4% 감소했다. 2013년 4.9%였던 10대 청소년 자살률은 2022년 7.2%로 지속해서 증가하고 있지만, 청소년 친화적 공원 조성은 정서적 안정과 또래 교류를 돕고 자아존중감을 강화한다. 수원시 청소년문화공원처럼 운동시설·텃밭·소광장을 갖춘 공간이 그 가능성을 보여준다.

전 세계 메타분석 결과 역시 녹지의 건강 효과를 뒷받침한다. 녹지 접근성이 좋은 지역 주민들은 전체 사망률이 낮고, 심혈관 질환 발병률도 줄었으며, 정신 건강 지표도 전반적으로 우수했다. 즉 도시의 조경은 의료비 절감, 범죄 예방, 공동체 강화, 정신건강 증진으로 이어지는 선순환 구조를 만든다. 다만 이런 효과는 자동적으로 생기지 않는다. 세심한 설계와 지속적 관리, 주민 참여가 뒷받침될 때 비로소 지속 가능한 성과로 자리 잡는다.

## 측정할 수 있는 것이 관리할 수 있는 것이다

과학의 층을 통해 우리는 중요한 사실 하나를 확인했다. 조경의 가치는 직관과 경험에만 기대던 단계를 넘어, 감각적 체험을 과학적 측정과 데이터 분석으로 증명하는 시대로 접어들었다.

가장 큰 변화는 인식의 전환이다. '있으면 좋은 것'에 머무는 선택지가 아니라, 반드시 필요한 도시 인프라가 되었다. 기후 위기, 도시 열섬, 정신 건강 악화, 사회적 갈등이 심화되는 오늘의 현실에서 조경은 선택이 아니라 필수다.

그렇다면 이런 과학적 발전은 우리의 일상에 어떻게 다가올까? 바르셀로나의 스마트 조경 사례는 미래가 이미 일상이 되었음을 보여준다. IoT 센서와 AI는 온도와 대기질을 실시간으로 측정하고, 에너지 절감과 건강 개선 효과를 수치로 증명한다. 시민들은 스마트폰으로 공원의 공기질을 확인하고, 관리와 개선 과정에 직접 참여할 수 있다.

핵심은 일상의 변화다. 공원에서 30분 동안 산책하면 스트레스 호르몬을 낮추고, 아이들은 녹지 속에서 집중력을 키운다. 범죄율은 줄어들고 주거 환경은 더 안전해진다. 과학적 근거 위에 조성된 경관은 도시를 건강하고 쾌적한 공간으로 바꾸며, 이는 곧 우리의 삶을 지탱하는 기반이 된다.

"측정할 수 있는 것만이 관리할 수 있다"라는 경영학의 원리는 조경에서도 진리다. 과학의 층이 조경의 효과를 정확히 측정할 수 있게 된 지금, 도시는 점점 더 살기 좋은 방향으로 진화하고 있다.

# PART 3

# 아픈 도시는 조경을 찾는다

도시의 회복은 기억의 형성으로 완성된다.
상처를 덮거나 잊으려 하지 않고,
그 경험을 통해 배우고 성장한 기억이 쌓일 때
도시는 진정으로 회복된다.
그 기억을 만들어가는 주체는 바로 시민
한 사람 한 사람이다. 오늘 길에서 발견한 작은 변화,
공원 벤치에서 느낀 계절의 전환, 이웃과 나눈 대화.
이 일상적 순간들이 도시의 기억을 만들고,
미래의 회복력을 키운다.

CHAPTER 13     **자연에 맞서지 않고 협력하기**

브루클린 브리지 파크, 서울숲, 시드니 바랑가루 리저브. 대륙은 달라도 이곳들에는 중요한 공통점이 있다. 모두 기후 위기 시대에 도시가 어떻게 회복력을 키워나갈 수 있는지 보여주는 살아 있는 실험실이라는 점이다.

지금 지구는 심각한 기후 위기에 처해 있다. 전 세계 인구의 절반 이상이 도시에 살고 있으며, 2050년이 되면 이 비율이 70%에 이를 것으로 예상된다. 동시에 기후변화로 인한 극한 기상현상은 점점 더 빈번하고 강해진다. 해수면 상승, 폭염, 홍수, 가뭄이 일상화되는 세상에서 도시는 어떻게 살아남을 것인가?

그 답은 경관에 있다. 감각, 생태, 문화, 역사, 경제, 과학이라는 경관의 여섯 층위가 유기적으로 통합된 도시 공간에서 우리는 미래 도시의 모습을 발견할 수 있다. 이 세 공간은 회복력 있는 도시를 위한 새로운 패러다임의 시작점이다. 마치 오케스트라가 각기 다른 악기를 연주해 하나의 교향곡을 만들어내듯, 경관의 여섯 층위도 조화롭게 어우러져 도시의 회복력을 높인다. 브루클린 브리지 파크는 적응형 해안 도시의 모델을, 서울숲은 시민 참여를 통한 생태적 회복의 가능성을, 바랑가루 리저브는 역사와 문화가 결합된 포용적 도시재생의 방향을 제시한다.

　경관은 도시를 해석하고 다시 쓰는 새로운 언어다. 이 언어를 익히는 과정에서 우리는 기후 위기에 대응할 지혜를 얻고, 더 회복력 있고 지속 가능한 도시로 나아갈 길을 찾을 수 있다. 따라서 경관의 통합은 선택이 아니라 필수적 원리다.

## 기후 위기에 맞서는 적응형 도시

　맨해튼에서 페리를 타고 이스트강을 건너 브루클린 브리지 파크에 도착하면 '적응형 해안 공원'의 원리를 즉각적으로 체감하게 된다. 이곳이 불과 20여 년 전까지 컨테이너 부두와 창고가 늘어선 산업 지역이었다. 더 놀라운 점은, 오늘날 해안 도시들이 직면한 기후 위기 속에서 살아남을 길을 보여준다는 사실이다.

　이 공원의 가장 혁신적인 측면은 바로 자연재해를 차단하기보다 수용하며 피해를 줄이는 '적응형 해안 설계'다. 앞으로 극한 기상현상이 더욱 자주, 더욱 강력하게 찾아올 것이기 때문에 이 접근법은 필수적이다. 유엔 기후변화에 관한 정부 간 협의체(IPCC)는 21세기 말까지 해수면이 최대 1미터 내외까지 상승할 수 있다고 경고했다. 전 세계 해안 도시들에게 이는 생존의 문제다.

브루클린 브리지 파크는 MVVA(Michael Van Valkenburgh Associates Inc.)가 주도한 설계를 통해 바다와 도시의 관계를 새롭게 정의했다. 기존의 접근법은 마치 자연과 싸우듯, 물을 차단하고 밀어내는 방식이었다. 하지만 브루클린 브리지 파크는 물을 차단하기보다는 공존해야 할 자연의 일부로 보고 해수의 유입을 허용하되, 그 피해를 최소화하는 방식을 택했다. 해안선을 따라 완만한 경사의 지형과 다양한 높이의 완충 지대를 조성하고, 염생식물이 자라는 습지를 만들어 파도의 에너지를 흡수하게 했다.

2012년 10월, 허리케인 '샌디'가 뉴욕을 강타했을 때 이 설계 철학의 진가가 드러났다. 당시 맨해튼 남부는 폭풍해일로 심각한 침수 피해를 입었다. 웨스트빌리지와 첼시 지역의 1층 상점들은 모두 침수되었으며, 14번가 이남 지역은 정전으로 암흑에 빠졌다. 그러나 이스트강 건너편, 브루클린 브리지 파크는 달랐다. 약 4미터 높이의 폭풍해일이 공원의 낮은 지대 일부를 침수시켰지만, 공원 전체가 마비되는 일은 없었다. 폭풍이 지나간 다음 날, 맨해튼이 여전히 복구 작업으로 분주할 때 브루클린 브리지 파크의 주민들은 조깅을 하거나 산책을 즐기고 있었다. 공간이 잠시 잠겨도 기능이 빠르게 복원되는 것, 이것이 바로 적응형 설계가 드러내는 회복력의 핵심이다.

이런 회복력은 결코 우연이 아니다. 공원 내 다양한 생태 환경은 도시 생물다양성의 핵심 거점이면서 동시에 자연재해에 대한 완충지대 역할을 한다. 특히 염습지는 자생 염생식물이 거친 해안 환경에 적응한 공간이다. 이 공간은 철새들의 중요한 휴식처이자,

다양한 해안 생물의 서식지다. 과거 콘크리트와 아스팔트로 덮여 있던 부지가 다시 자연의 순환 시스템으로 복원된 것이다.

이곳의 역사적 정체성은 미래 도시재생의 중요한 원리를 보여준다. 19세기 말부터 20세기 중반까지 뉴욕항의 핵심 물류기지였던 이 지역은 오늘날 시민의 일상 공간으로 변모했지만, 곳곳에 남은 대형 크레인과 철제 부두 구조물이 산업화 시대의 흔적을 전한다. 과거의 구조물을 지우지 않고 새로운 공간으로 재해석한 이러한 접근이 바로 지속 가능한 도시재생의 핵심이다.

공원이 보여주는 사회적 회복력도 주목할 만하다. 피어(Pier, 부두) 2에서는 농구, 축구, 배구 등 다양한 스포츠가 이루어지고, 피어 3의 잔디밭에서는 요가 수업과 영화 상영회가 열린다. 이러한 활동들은 다양한 계층과 연령의 사람들을 자연스럽게 한 공간에 모이게 한다. 공원은 사회적 교류의 무대가 되어 도시 공동체를 강화한다. 위기 상황에서 강한 공동체야말로 가장 중요한 회복력의 원천이다.

물론 이런 변화가 모든 이에게 혜택을 주지는 않는다. 공원 조성 이후 주변 지역의 부동산 가치가 오르면서, 지역 구성원의 성격이 바뀌고 사회경제적 구도가 재편되었다. 더 나은 환경을 만드는 것이 오히려 취약계층을 밀어내는 역설적 상황이 발생한 것이다. 이를 보완하기 위해 뉴욕시와 브루클린 브리지 파크 코퍼레이션은 공원 내 일부 부지에 호텔과 상업 시설을 개발해 얻는 수익으로 연간 운영비를 충당하게 했다. 이러한 지역사회와 협의해 수익형 시설을 도입한 공공 민간 협력형 운영 모델은 공공성을 유지하면서도 재정적 지속 가능성을 확보한다. 지역사회 합의를 통해 운영 구조를 만든 점에서 의미가 크다.

공원 설계 과정에서 통합된 과학적 지식은 21세기 도시계획의 새로운 표준을 보여준다. 해안 생태학, 수문학, 기후과학이 융합되어 적응형 설계가 탄생했다. 공원 곳곳에 설치된 환경 모니터링 시스템은 미기후 변화, 생물다양성 변화 등을 계속해서 측정하며, 이 데이터는 공원 관리와 향후 설계 개선에 활용된다. 이렇게 조성된 공간은 끊임없이 학습하며 진화하는 살아 있는 시스템이다. 회복하는 도시는 고정된 결과물이 아니라, 변화 속에서 성장하는 과정임을 이 공원은 보여준다.

## 시민이 키우는 도시 생태계의 미래

서울숲에 들어서면 도시의 미래가 어떤 모습이어야 하는지가 단번에 드러난다. 메타세쿼이아가 늘어선 가로수 터널을 지나면 숲은 곧바로 한강과 맞닿으며, 도시와 자연이 맞부딪히는 장면이 펼쳐진다. 하지만 이곳의 진정한 가치는 평범한 경관을 넘어선다. 서울숲은 기후 위기 시대 도시가 어떻게 스스로의 회복력을 키울 수 있는지를 보여주는 살아 있는 실험장이다.

이 공간의 가장 특별한 점은 완성된 공원이 아니라 멈추지 않고 성장과 변화를 이어가는 유기체라는 것이다. 2005년 개장 당시에는 듬성듬성 심어진 어린나무들과 아직 잔디가 자리 잡지 못한 언덕들이 있었다. 하지만 20년이 지난 지금, 이곳은 서울에서 가장 울창한 도시숲 중 하나로 자리 잡았다. 도시 공간도 끊임없이 적응하고 진화해야 한다는 점에서 서울숲은 중요한 모델이 된다.

무엇보다 이 숲은 시민의 손으로 자라왔다. 개장 초기부터 시민들은 직접 공원 가꾸기에 참여했고, 지금도 다양한 자원봉사 프로그램이 이어지고 있다. 주말마다 열리는 '숲 가꾸기' 활동에는 온 가족이 함께 참여한다. 아이들은 나무에 이름표를 달고 성장 과정을 기록하며 숲을 돌본다. 이는 단순한 환경 교육을 넘어, 기후 위기 시대를 살아갈 감수성을 길러주는 생생한 배움의 과정이다.

그 결과 서울 도심 한복판에 야생동물이 돌아왔다. 처음에는 몇 종의 새만 관찰되었지만, 숲이 울창해지면서 점점 다양한 야생동물들이 늘어났다. 서울숲 바이오블리츠 조사에서는 약 30~40종의 조류를 포함하여 총 780여 종의 생물이 조사되었고, 사슴 우리에는 꽃사슴이 사육되며, 일부 자연형 공간에서는 고라니가 나타나기도 했다. 청설모, 너구리, 족제비도 숲의 구조와 먹이 자원에 적응해 종종 모습을 드러냈다. 서울숲은 한강과 연결된 생태 통로로서 동북부 녹지 네트워크를 복원하며, 도시 한복판에 야생성이 스며드는 드문 사례가 되었다.

서울숲은 인간의 계획을 넘어선 자연의 자율성을 드러낸다. 예상치 못한 변화에 적응하며 스스로 균형을 찾아가는 과정이 회복력의 본질을 설명해준다.

이 땅에는 600년이 넘는 시간이 켜켜이 쌓여 있다. 조선 건국 초 왕실의 사냥터였던 뚝섬은 1908년 정수장이 들어서며 산업적 공간으로 바뀌었고, 해방 후에는 유원지와 골프장을 거쳐 1954년부터 경마장으로 운영되었다. 시대마다 권력층의 전유물이었던 이 땅은 2005년 시민 모두의 공간으로 개방되었다. 남겨진 경마장 시설은 과거와 현재를 잇는 증언이며, 도시재생이 과거를 삭제하는 과정이 아니라 역사와 함께 미래를 짓는 일임을 말해준다.

서울숲은 서구의 기능주의적 공원 설계와 달리, 시간과 변화를 중시한다. 시민 참여를 통해 공동체가 숲을 가꾸어 가는 과정은 동양적 자연관인 '자연과의 조화'를 현대적으로 번역한 결과다. 정형화된 설계 대신 살아 있는 유기체로서의 숲을 추구한다는 점에서, 서울숲은 기후 위기 시대 도시가 가야 할 방향을 선명하게 보여준다.

## 상처받은 땅에 보내는 치유와 화해의 손길

시드니 하버 브리지와 오페라하우스가 내려다보이는 항구 북쪽에 바랑가루 리저브가 있다. 이곳에 들어서면 시드니 항구의 웅장한 파노라마가 펼쳐진다. 하지만 이 공간의 진정한 가치는 시각적 아름다움 그 자체를 넘어선다. 이곳은 기후 위기 시대에 도시가 과거의 상처를 딛고 미래를 준비하는 모습을 보여주는 공간이다.

발아래 펼쳐진 산책로를 따라 걸으면 다양한 감각이 겹겹이 쌓인다. 유칼립투스와 뱅크시아, 아카시아가 만드는 독특한 향기가 코끝을 자극하고, 바다에서 불어오는 시원한 바람이 피부에 닿는다. 복원된 자연 해안선의 거친 암석을 손으로 만져보면 오랜 세월 이 땅을 형성한 지질학적 시간이 손끝으로 전해진다. 파도가 바위에 부딪치는 소리와 바람에 스치는 자생식물들의 잎사귀 소리가 도시의 소음을 자연스럽게 덮어준다. 특히 해 질 녘이 되면 시드니 하버의 금빛 물결과 도심 스카이라인이 어우러져 극적인 대비를 만들어낸다. 이 모든 감각적 경험 속에서 우리는 자연과 인간, 과거와 현재가 공존하는 순간을 경험한다.

'바랑가루'는 18세기말 이 지역 가디갈 부족의 여성 지도자 이름에서 따온 것으로, 영국 정착민들과 토착민 사이의 중재자 역할을 했던 인물이다. 지워졌던 원주민의 역사를 도시 경관에 되살린 것은 화해와 포용의 가치를 드러내는 일이다.

2015년 개장된 이 공원의 가장 큰 특징은 원래 해안선 복원이다. 설계자들은 항만 개발로 변형되기 직전인 1836년을 기준점으로 삼아, 당시 지도를 토대로 원래의 곶과 암석, 곡선형 해안선을 되살렸다.

해안선 복원에 1만 개 이상의 호주 샌드스톤 블록을 사용했는데, 이 돌들은 대부분 현장에서 발굴된 것으로 장소의 지질학적 정체성을 반영한다. 평탄한 콘크리트 항만 부지를 입체적인 언덕과 완만한 경사, 바위가 어우러진 해안으로 바꾸었다. 이는 해수면 상승과 극한 기상현상에 대비한 미래형 해안 설계다. 곡선의 해안선은 파도의 에너지를 분산시키고, 다양한 높이의 지형은 해수면 상승에 단계적으로 대응한다

해안선을 따라 식물이 심겨 있다. 모두 이 지역 자생종으로, 7만

5천여 그루의 나무와 관목, 초본류 위주로 심었으며 과거 이곳에 자라던 84종 이상이 복원되었다. 이는 지역 생태계의 역사적 연속성을 되찾는 작업이었다. 혹독한 환경에 적응해온 자생종은 변화하는 기후에도 강한 생명력을 보여주며, 해안가의 염생식물부터 건조한 내륙 식물까지, 다양한 미기후에 맞춘 식재 설계를 통해 도시의 생물다양성 허브를 형성했다. 약 1킬로미터 길이로 복원된 암석 해안은 조류와 어류, 해양 생물의 서식처로 다시 태어났다.

생태적 재생과 함께 바랑가루가 추구하는 것은 문화적 치유다. 토착 문화 프로그램, 전통 의식, 예술 이벤트가 정기적으로 열리며, 소외되어온 공동체의 목소리를 도시 중심부로 불러온다. 특히 공원 내 '컷어웨이(Cutaway)' 공간에서는 토착 예술과 문화를 알리는 전시와 공연이 열린다. 프로젝트 과정에 원주민 자문단이 참여해 공간 계획과 프로그램에 그들의 관점과 가치를 반영했다. 산책로에는 이 땅의 오랜 역사를 설명하는 패널과 원주민 문화를 담은 설치물이 배치되어, 방문객이 다층적인 시간을 경험하도록 했다. 이를 통해 호주 사회의 식민주의적 역사 인식에 질문을 던지고, 대안적 역사 서술의 가능성을 열어주고 있다. 정기적으로 진행되는 '바랑가루 워킹 투어'에서는 방문객이 원주민의 지식과 이야기를 직접 들을 기회도 제공한다.

생태적 복원과 문화적 치유는 경제적 정의와도 이어진다. 전체 22헥타르 중 일부는 공원으로, 나머지는 상업·주거 개발로 구성하여 경제적 지속 가능성을 높였다. 시드니 CBD 확장과 함께 토착 기업 참여와 고용 증진 정책도 적용되었다. 공원 개발 과정에서 백 명 이상의 원주민이 건설, 조경, 관리에 참여했고, 원주민 소유 기업들도 계약에 참여했다. 이는 경제 성장이 사회적 정의와 양립할 수 있음을 보여주는 사례다.

바랑가루는 원주민의 역사와 지식을 현대 도시 설계에 접목했다. 이는 단순한 과거 회귀가 아니라 전통 지식과 현대 과학의 창의적 융합이다. 예컨대 화전 농법에서 영감을 받은 식생 관리 방식은 생태적으로 지속 가능할 뿐 아니라, 전통 지식의 가치를 인정하는 의미가 있다. 바랑가루 리저브는 미래 도시가 다양한 지식 체계를 존중하고 통합하는 길을 보여주는 선구적 사례다.

## 회복하는 도시를 위한 새로운 원칙

브루클린, 서울, 시드니. 세 대륙의 서로 다른 문화적 배경에서 탄생한 이 공간들이 우리에게 전하는 메시지는 명확하다. 기후 위기 시대, 도시의 회복력은 선택이 아닌 필수이며, 그 해답은 경관의 통합적 접근에 있는 것이다. 서구의 과학적 접근, 동양의 유기체적 사고, 오세아니아의 문화 융합이라는 서로 다른 출발점에서도 같은 목표에 도달할 수 있다는 것은 희망적이다. 이는 전 세계 어떤 도시든 자신만의 고유한 방식으로 회복력을 키워나갈 수 있음을 의미한다.

가장 먼저 눈에 띄는 것은 위기를 기회로 전환하는 통합적 설계다. 핵심은 문제를 회피하지 않고, 초기부터 다양한 관점을 결합해 해법을 만들어내는 것이다. 전문가들이 독립적으로 작업한 후 나중에 결합하는 것이 아니라, 처음부터 서로의 관점을 이해하고 융합하는 과정에서 창의적 해결책이 탄생했다.

시간을 대하는 태도에서도 중요한 원리를 발견할 수 있다. 세 곳 모두 완성된 공간이 아닌 지속적으로 변화하는 살아 있는 시스템으로 접근했다. 불확실성을 수용하고 학습하며 끊임없이 적응하는 유연성이 핵심이다.

사람들의 참여를 이끌어내는 방식도 흥미롭다. 시민과 지역 공동체, 원주민 등 다양한 주체를 공동 창조자로 인식하며 설계 과정에 적극 참여시켰다. 기후 위기 대응에는 다양한 관점과 지혜가 필요하며, 시민 참여가 그 다양성을 확보하는 열쇠다.

위기에 대한 대응 방식에서도 유사한 관점을 발견할 수 있다. 세 공간 모두 단일한 방어책에 의존하지 않고 다층적이고 다원적인 회복력을 구축했다. 지형·생태·사회·재정이 중첩되어 위험을 분산하고 복구 능력을 높였다. 경제적으로도 단일 수익원에 의존하지 않고, 다원적 가치 창출로 지속 가능성을 확보했다.

무엇보다 중요한 것은 각기 다른 문화적 배경에서도 유사한 성과를 얻었다는 점이다. 이는 회복하는 도시의 원리가 특정 문화에 국한되지 않는 보편적 가치를 담고 있음을 보여준다. 각 도시가 자신의 고유한 문화적 자산을 활용하면서도 지구적 차원의 기후 위기에 함께 대응할 수 있다는 가능성을 제시한다.

세 공간에서 경관의 여러 층위는 분리되지 않고 상호작용하며 시너지를 만든다. 역사적 구조물은 현대적 활동을 담아내고, 생태계는 방재와 생물다양성을 동시에 책임지며, 사회적 교류는 경제적 가치와 공동체 회복력을 함께 키운다. 바로 이것이 경관적 사고가 그려낸 회복하는 도시의 모습이다. 각 요소는 독립적이면서도 서로를 의존하며 전체 회복력을 높여간다.

회복하는 도시는 불가능한 꿈이 아니다. 우리가 사는 동네의 작은 공원에서, 아파트 단지의 조경 공간에서, 직장 근처의 가로수에서도 경관의 여섯 층위를 발견할 수 있다. 감각으로 느끼고, 생태적 기능을 이해하며, 문화적 의미를 발견하고, 역사적 맥락을 파악하며, 경제적 가치를 인식하고, 과학적 원리를 탐구하는 것이다.

작은 관심에서부터 변화는 시작된다. 지역 공원에 대한 관심, 동네 가로수에 대한 애정, 지역 정책에 대한 참여. 이런 작은 관심이 모여 도시의 회복력을 만든다. 경관의 언어를 익힌 우리는 도시를 새롭게 읽고 쓸 수 있다. 브루클린, 서울, 시드니가 보여준 것처럼 상처받은 도시도 회복할 수 있고, 위기는 기회로 바뀔 수 있다.

# CHAPTER 14

# 강남이 침수될 때 광화문은 멀쩡한 이유

2022년 8월 8일 밤, 서울에 시간당 141.5mm의 기록적인 폭우가 쏟아졌다. 하루 누적 강우량은 435mm, 서울 연평균 강우량의 3분의 1이 단 하루에 쏟아진 것이다.

    강남역 일대는 순식간에 물바다가 되었다. 지하철 2호선 계단으로 빗물이 폭포수처럼 쏟아져 내렸고, 역 대합실은 무릎 높이까지 잠겼다. 강남과 서초구 곳곳의 지하차도가 완전히 물에 잠겨 차량 통행이 중단되었다. 그날 밤의 피해는 상상을 넘었다. 서울에서만 아홉 명이 목숨을 잃었고, 약 800채의 건물이 침수되었으며, 163가구가 하루아침에 집을 잃었다. 강남·서초 일대의 재산 피해액만 280억 원에 달했다. 그러나 같은 밤, 불과 몇 킬로미터 떨어진 세종대로는 다른 모습을 보였다. 거센 빗줄기 속에서도 보도 가장자리에 설치된 작은 빗물정원들이 물을 받아내며 제 역할을 했다. 습지식물의 잎사귀에는 빗방울이 맺혔고, 화단 아래로 물이 스며드는 광경이 눈에 들어왔다.

같은 비가 쏟아졌는데도 왜 결과는 이렇게 달랐을까? 그 답은 도시가 물과 맺는 관계의 방식에 있다.

## 도시는 왜 물에 취약해졌을까

조선시대 한양의 지도를 펼쳐보면 지금과는 전혀 다른 도시를 발견할 수 있다. 한강은 구불구불 사행하며 흘렀고, 물가에는 갈대밭과 버드나무 숲이 넓게 펼쳐져 있었다. 청계천 역시 지금처럼 직선이 아니라 자연스럽게 굽이치며 도심을 가로질렀다. 비가 오면 물은 범람원으로 넘쳐흘렀고, 그곳에서 천천히 땅속으로 스며들거나 증발했다.

한강은 단순한 자연경관이 아니라 조선시대 한양의 경제와 문화의 중심이었다. 마포나루는 한강변의 대표적인 나루터로, 충청도, 전라도, 경상도에서 한양으로 올라오는 각종 물자가 모이는 집산지였다. 쌀, 소금, 어물, 젓갈, 미역 등 전국 각지에서 온 물품들이 이곳에서 거래되었다. '마포 새우젓 장수'라는 말이 생길 정도로 소금과 새우젓 거래가 활발했다.

1920년대부터 1970년대까지 한강은 서울 시민들의 대표적인 피서지이기도 했다. 여름이면 시민들은 뚝섬, 저자도, 마포 등 한강변의 넓은 모래사장에서 수영과 물놀이를 즐겼다. 해수욕장처럼 튜브와 파라솔을 빌려주는 행상도 있었고, 가족 단위로 한강에서 피서를 즐기는 모습이 흔했다. 한강과 도시는 서로 분리된 것이 아니라, 시민들의 일상에 자연스럽게 녹아들어 있었다. 하지만 20세기 중반부터 우리는 이 모든 것을 바꿔버렸다. 일제강점기와 한국전쟁을 거치며 가난에서 벗어나야 한다는 절박함이 온 나라를 휩쓸었다. 철도와 도로 같은 육상교통의 발달로 마포나루의 상업적 기능은 점차 쇠퇴했다. 1960년대 '한강의 기적'이라 불린 급속한 경제성장 과정에서, 자연은 '정복해야 할 대상'이 되었다.

박정희 정부 시절의 '새마을운동'과 '한강종합개발계획' 같은 대규모 국가 프로젝트는 이런 사고를 더욱 강화했다. 구불구불한 한강을 직강화하고, 범람원에 강변도로를 건설하고, 청계천을 복개해서 그 위에 도로를 만드는 것이 '근대화'의 상징이었다. 빠른 산업화를 위해서는 모든 것이 통제 가능하고 예측 가능해야 했다. 자연은 개발의 걸림돌이었고, 이를 극복하는 것이 곧 발전이라고 믿었다. 1970~80년대 '한강종합개발사업'이 추진되면서 강모래가 건설자재로 대량 채취되었고, 인공 제방과 콘크리트 호안이 들어섰다. 모래사장과 강수욕장은 사라졌고, 한강은 시민의 일상에서 점점 멀어졌다. 사업의 핵심은 한강변 교통망 확충이었다. 남쪽에는 올림픽대로를, 북쪽에는 강변북로를 건설했다. 1986년 아시안게임과 1988년 서울올림픽을 앞두고 빠르게 건설된 이 도로들은 당시로서는 획기적인 교통 인프라였다.

그러나 이 도로들이 놓인 위치가 문제였다. 올림픽대로와 강변북로는 대부분 한강의 홍수터, 즉 범람원에 건설되었다. 본래 범람원은 홍수 시 강물이 잠시 머물며 수위를 조절하는 완충 공간이었다. 하지만 이 자연의 조절 장치는 사라졌고, 그 자리를 높고 단단한 콘크리트 제방이 대신했다. 강둑은 거대한 벽이 되어 강을 도시와 완전히 분리시켰다.

이 변화는 한강변만의 문제가 아니었다. 서울 도심 전체가 같은 방식으로 변했다. 을지로 사거리에서 사방을 둘러보면 빌딩, 아스팔트, 콘크리트가 빼곡히 들어찬 풍경이 눈에 들어온다. 도로는 아스팔트, 인도는 콘크리트 블록, 차도와 인도를 가르는 연석까지 단단하게 포장됐다. 녹지는 가로수 화단이 전부다. 도시는 거대한 방수포를 씌운 듯 물이 스며들 틈이 거의 없다.

서울의 불투수 면적은 1962년 7.8%에서 2020년 52%로 늘어났다. 60년 만에 7배 가까이 증가한 것이다. 이는 부산(27%)이나 광주(24%)보다도 훨씬 높은 수치다. 숲과 농지가 있던 자리에 아파트와 도로가 들어서면서, 물이 스며들 공간은 사라지고 홍수 위험은 기하급수적으로 커졌다.

1980년대 들어 이런 방식의 문제점이 서서히 드러나기 시작했다. 2011년 서초동 우면산 산사태로 열일곱 명이 사망했고, 2020년 동작구와 2022년 강남역 침수까지 일어났다. 해마다 피해는 심각해지고 있다. 시간당 100mm가 넘는 폭우가 이제는 매년 찾아오고, 아스팔트와 콘크리트로 덮인 도시는 빗물을 흡수하지 못한 채 모두를 하수관으로 몰아넣는다.

역설적이게도 도시는 강해지려 할수록 더 약해진다. 1970년대라면 그냥 지나갔을 비가 지금은 재난이 된다. 같은 양의 빗물도 갈 곳을 잃고 도시를 휩쓴다. 문제는 기후가 바뀌었다는 점이다. 더 자주, 강하게 쏟아지는 비에 도시 인프라는 한계를 드러내고 있다.

## 물과 싸우지 않고 함께 사는 법, 코펜하겐의 혁신

2011년 7월 2일, 덴마크 수도 코펜하겐에 3시간 만에 150mm가 넘는 집중호우가 쏟아졌다. 도시 전체가 거대한 호수처럼 변했고, 하수시설이 완전히 마비되었다. 지하철역과 병원까지 침수되면서 막대한 피해가 발생했다. 그로부터 3년 후인 2014년, 또다시 비슷한 규모의 폭우가 도시를 강타했다.

두 번의 재난을 겪은 코펜하겐시는 근본적인 질문을 던졌다. 더 큰 하수관을 묻고 더 높은 제방을 쌓는 것으로 기후변화에 맞설 수 있을까? 답은 명확했다. 불가능하다. 기후변화는 예측 가능한 범위를 넘어서고 있었고, 전통적인 '그레이 인프라'로는 한계가 있었다. 그래서 코펜하겐은 완전히 다른 접근을 선택했다. 물과 싸우는 대신 물과 함께 사는 법을 배우기로 한 것이다. 2012년 발표된 '기후적응계획'은 시대를 앞서가는 도시 차원의 기후적응 계획이었다.

코펜하겐 중심부, 코펜하겐 대학병원 바로 앞에 위치한 타싱게 광장은 지하철 타싱게 역에서 나와 병원 정문으로 향하는 길목에 있다. 축구장과 비슷한 크기로, 매일 수많은 시민과 의료진, 환자들이 오가는 공간이다.

처음 이 광장에 들어서면 다른 유럽 도시의 평범한 공원 같다는 인상을 받는다. 축구공을 차며 뛰어노는 아이들, 벤치에 앉아 점심을 먹는 직장인들, 유모차를 밀며 산책하는 부모들. 그러나 자세히 보면, 다른 광장과 구분되는 특별한 요소들이 드러난다.

먼저 바닥의 경사가 특별하게 설계되어 있다. 가장자리에서 중앙으로 갈수록 완만하게 낮아지는 형태로, 빗물이 자연스럽게 중앙으로 모이도록 의도한 것이다. 언뜻 보기에는 평평해 보이지만, 정밀한 계산 덕분에 빗물의 흐름이 자연스럽게 제어된다. 이러한 미묘한 경사 설계는 일상에서는 눈에 띄지 않지만, 폭우 시에는 광장 전체가 하나의 집수지 역할을 하도록 한다.

바닥 재료도 다르다. 일반 아스팔트나 콘크리트가 아닌, 투수성 포장재가 사용되었다. 표면의 미세한 구멍과 틈으로 빗물이 천천히 땅속으로 스며든다. 표면은 일반 콘크리트보다 거칠지만, 비가 와도 고이지 않고 땅으로 흘러내린다. 이 과정에서 지하수 함양이 이뤄지고, 여름철에는 증발 냉각 효과로 도심 기온을 낮추는 부가 효과도 발생한다.

광장 주변에는 지면보다 낮게 설계된 녹지대, 즉 빗물정원이 있다. 일반적인 공원 화단이 흙을 높여 조성되는 것과 달리, 이곳은 오히려 파여 있다. 광장의 물을 받아들이기 위해서다. 빗물정원에는 자작나무 같은 교목부터 다양한 수생식물과 습지식물이 함께 자라면서, 물리적·생물학적 정화 장치로 기능하고 있다. 잎과 뿌리는 빗물의 속도를 늦추고, 토양과 미생물은 오염물질을 분해해 물의 질을 개선한다.

폭우가 쏟아지는 여름 오후, 사람들이 건물로 몸을 피하면 광장은 전혀 다른 공간으로 변신한다. 주변 도로와 옥상에서 흘러내린 빗물이 광장의 경사를 따라 중앙으로 모이고, 작은 웅덩이는 순식간에 연못처럼 커진다. 놀라운 점은, 폭우가 지나가도 물이 곧바로 빠지지 않고 일정 시간 머물도록 설계되었다는 것이다. 배수관을 통해 즉시 흘려보내는 대신, 광장이 물을 잠시 머금었다가 천천히 땅으로 돌려보내도록 했다. 하수 시스템의 부담을 줄이는 동시에, 땅과 식생이 물을 정화하고 저장하는 역할을 하도록 한 것이다.

며칠 동안의 점진적 배수 과정을 통해 지하수는 보충되고, 도심은 단기적 침수 위험을 피하면서도 장기적 수자원 순환 이익을 얻게 된다. 아이들은 다시 축구공을 차며 뛰놀고, 식물들은 폭우 덕분에 더 싱그럽게 빛난다.

타싱게 광장은 코펜하겐의 300개가 넘는 '블루·그린 인프라' 프로젝트 중 하나일 뿐이다. 이 프로젝트들은 학교 운동장, 주거지 골목, 도로변 주차장까지 도시 전역에 분산되어 있으며, 각각이 작은 저류조와 정화 장치 역할을 한다. 이들이 연결되어 하나의 복합적 방재·생태 네트워크를 형성하는 것이 핵심이다.

세인트 칼즈 교구 주택가 거리로 가면 또 다른 혁신이 보인다. 겉보기에는 평범한 가로수 화단 같지만, 가까이서 보면 다르다. 화단은 지면보다 움푹 파여 있어 도로의 빗물이 흘러들어오도록 설계되었다. 갈대, 부들, 꽃창포 같은 습지식물이 심겨 있고, 화단 바닥은 자갈-모래-특수토양의 다층 구조로 이루어져 천연 정수 시스템처럼 빗물을 정화한다.

코펜하겐의 실험은 분명한 성과를 거두고 있다. 최근 몇 년간 극한 강우에도 블루·그린 인프라가 곳곳에서 빗물을 흡수하며 대규모 침수를 막아냈다. 경제적 효과도 크다. 기후변화로 인한 잠재적 피해를 크게 줄였을 뿐 아니라, 공기 정화·도시 냉각·생물다양성 증진 등 부가적 효과까지 더해져 경제적 가치는 더욱 높아졌다.

시민들의 인식도 달라졌다. 처음에는 의아해하던 시민들이 이제는 여름철 빗물정원의 시원함, 폭우 때 물이 흘러드는 장면을 직접 체험하며 그 가치를 신뢰하게 되었다. 심지어 일부 주택가에서는 주민들이 자발적으로 작은 빗물정원을 만들기 시작했다. 이는 제도적 계획이 시민의 일상 속 습관과 실천으로 확장된 사례다.

## 상처에서 배우는 회복의 지혜

그날 밤 세종대로에서 목격된 장면은 우연이 아니었다. 서울시가 2019년부터 추진해온 '도시 물순환 회복 정책'의 첫 번째 결실이었다. 서울도 코펜하겐처럼 쓰라린 경험을 통해 배웠지만, 그 과정은 훨씬 더 복잡했다. 급속한 도시화로 인한 구조적 문제를 해결해야 했기 때문이다.

서울시는 이런 한계를 인정하고 근본적인 변화를 시작했다. 그 출발점이 세종대로의 빗물정원이었다. 주차 공간 세 칸 정도의 작은 면적이지만, 이 정원들은 도시가 기후 위기에 대응할 수 있는 가능성을 보여주었다. 이를 바탕으로 서울시는 2050년까지 서울시 전체 면적의 30%를 투수성 공간으로 전환하겠다는 계획을 발표했다. 이는 불투수 면적 52%에 달하는 서울의 도시 구조를 근본적으로 바꾸려는 장기 프로젝트였다.

광화문에서 시청 방향으로 걸어가다 보면, 인도와 차도 사이의 띠 녹지에 자리한 작은 정원들을 발견할 수 있다. 가까이 다가가 보면 이 정원들이 마치 얕은 그릇처럼 움푹 들어가 있다는 것을 알 수 있다. 인도 쪽에서 차도 쪽으로 살짝 경사져 있고, 보도보다 10~20센티미터 정도 낮게 파여 있다. 이 작은 높낮이 차이를 통해 빗물을 모으고 머금게 하는 의도적 장치를 구현했다. 빗물정원의 바닥에는 자갈과 모래로 이루어진 배수층이 깔려 있고, 그 위에 특수 배수토가 덮여 있다. 이 구조를 통해 도로에서 흘러온 빗물 속 중금속, 미세먼지, 질소 등의 오염물질이 자연적으로 정화된다.

세종대로의 성공에 힘입어 서초구는 2021년 강남대로 빗물정원길, 2022년 반포대로 빗물정원길 조성에 이어 이번에 세번째로 서초대로에 400미터 길이의 연결된 빗물정원길을 조성했다. 세종대로가 개별적으로 분리된 구조였다면, 서초대로는 하나의 통합 시스템으로 설계되었다. 긴 정원이 10여 개의 구획으로 나뉘어 있고, 각 구획마다 높이가 조금씩 다르다.

구획 사이에는 자연석 수로가 놓여 있어, 물이 한 구획에서 다음 구획으로 자연스럽게 흘러간다. 이 과정에서 토양의 여과와 식물 뿌리의 생물학적 정화가 일어나, 오염물질이 한강으로 직접 유입되는 것을 막는다. 즉, 빗물이 흐르는 길목마다 또 다른 정화 필터가 설치된 셈이다.

초기에는 "왜 화단에 물이 고여 있지?"라며 우려하던 시민들이 이제는 빗물정원의 기능을 이해하고 가치를 인정하기 시작했다. 특히 효과적이었던 것은 '빗물정원 해설사' 프로그램이었다. 지역 주민들을 대상으로 빗물정원의 원리와 효과를 교육하고, 이들이 다른 시민들에게 설명할 수 있도록 한 것이다. 전문가가 아닌 일반 시민의 입으로 설명하자 훨씬 쉽게 이해했다. 이후 비가 올 때마다 빗물이 어디로 흘러가는지, 어떤 정원이 흡수 역할을 하는지 지켜보는 시민들이 늘어나며, 도시에 대한 관심과 참여가 자연스럽게 확대되었다.

## 회복탄력성을 기르는 조경의 원리

　기후 위기 시대 도시 조경의 핵심은 도시를 자연의 스펀지처럼 만드는 것이다. 스펀지는 수많은 구멍 덕분에 물을 빠르게 흡수하고 저장했다가, 필요할 때 다시 서서히 내보낸다. 급작스러운 물의 충격을 받아도 일단 머금어두고 천천히 처리한다. 이것이 바로 회복탄력성의 본질이다.

　자연 생태계를 관찰하면 이 원리를 쉽게 이해할 수 있다. 숲속에 들어서면 큰 나무들이 우거진 바닥은 도로와 전혀 다른 감각을 준다. 발밑의 흙은 부드럽고 탄력이 있다. 떨어진 나뭇잎과 가지가 부식되어 만든 두꺼운 부엽토층, 그 아래 수많은 나무뿌리가 얽혀 만든 네트워크는 천연 스펀지처럼 작동한다. 토양 미생물과 균류의 활동도 물과 영양분을 붙잡아 두어 숲 전체의 순환을 지탱한다.

　비 오는 날 숲을 찾으면 더 분명하다. 나뭇잎은 빗방울의 속도를 늦추고, 줄기를 타고 흐른 물은 뿌리 주변에서 흡수된다. 작은 뿌리들은 토양에 미세한 틈과 통로를 만들고, 빗물이 땅속 깊숙이 스며들게 돕는다. 숲의 토양은 거대한 저장고처럼 물을 머금고 있다가 필요할 때 서서히 방출한다. 그래서 숲은 흔히 '녹색 댐'이라 불린다. 이 녹색 댐 덕분에 산사태나 홍수가 억제되고, 가뭄기에는 하천 유량이 유지된다.

    도시 역시 숲처럼 회복할 수 있다. 코펜하겐과 서울의 빗물정원이 보여주는 것이 바로 그 가능성이다. 이들은 단순한 침수 방지 시설이 아니라 도시가 자연의 리듬에 맞춰 호흡하도록 돕는 장치이다. 평소에는 아름다운 풍경과 생태적 다양성을 제공하고, 위기 순간에는 도시를 지키는 방패가 된다. 이것이 미래 도시 경관이 갖춰야 할 '적응형 기능'이다. 기후적응형 조경은 경제적으로도 효과적이다. 코펜하겐의 블루·그린 인프라가 보여주듯, 자연 기반 해법은 비용 대비 효과가 월등하다. 이러한 투자는 미래의 손실을 줄이는 '보험'이자 '저축'이다.

    2022년 강남역 침수 피해를 떠올려 보자. 만약 강남 전체에 충분한 빗물정원과 투수성 포장이 갖춰져 있었다면 피해의 상당 부분은 줄었을 것이다. 여기에 대기 정화, 도시 냉각, 미세먼지 저감, 생물다양성 증진 효과까지 더해지면 경제적 가치는 더욱 커진다. 즉, 한 가지 시설이 다층적 이익을 창출하는 것이 자연 기반 해법의 가장 큰 장점이다.

    미래의 도시 경관은 인간만의 공간이 아니다. 다양한 생명체가 공존하는 생태적 서식지가 된다. 서울 도심에서도 변화는 이미 시작됐다. 청계천에는 36종의 어류와 24종의 조류가 살고, 서울숲에는 곤충과 작은 포유류가 찾아든다.

빗물정원은 도시 생물다양성의 거점이다. 내습성 식물이 자라는 작은 습지에는 나비와 벌이 찾아들고, 철새들의 임시 휴식처가 된다. 도시는 점차 콘크리트의 껍질을 벗고, 잃었던 야생성을 되찾아가고 있다.

기후변화는 예측 불가능성이 크기 때문에, 한 번 설치한 정적인 시설만으로는 대응할 수 없다. 지속적 모니터링과 개선을 통한 적응적 관리가 필수다. 미래의 도시는 살아 있는 생명체처럼 변화하는 환경에 맞춰 스스로 진화해야 한다. 이는 공학적 장치보다 생태적 설계가 더 중요한 이유를 잘 보여준다. 적응적 관리는 기술적 차원을 넘어 사회적 학습 과정이기도 하다. 시민들이 도시 환경의 변화를 관찰하고 문제를 발견하고 해결책을 함께 모색하는 과정에서 도시 전체의 환경 역량은 높아진다. 결국 회복탄력성은 제도나 기술만이 아니라, 시민들의 경험과 참여가 축적될 때 비로소 완성된다.

## 미래의 도시는 어떻게 달라질까

기후변화가 더욱 심각해진 2040년 서울, 극한 기후 상황에서도 시민들이 안전하게 살아가는 풍경을 상상해보자.

지하철 2호선을 타고 강남역에 내리면, 한때 침수의 상징이던 이곳은 완전히 다른 모습이다. 역 주변에는 크고 작은 빗물정원이 들어서 있고, 보도는 투수성 포장재로 교체되었다. 건물 사이에는 녹색 통로가 이어져 시원한 바람이 자연스럽게 흐른다. 무더위에도 걷기 좋은 이 길은 자연의 환기 시스템처럼 작동하며, 도시의 열기를 분산시킨다.

가장 눈에 띄는 것은 강남대로 중앙분리대다. 예전에는 평범한 교통 분리대였던 이곳은 이제는 거대한 선형 공원으로 변신했다. 계절마다 다른 꽃을 피우는 나무들이 늘어서 있고, 그 사이로 자전거 전용도로와 보행로가 이어진다. 지하에는 대형 빗물 저장소가 설치되어 폭우가 내릴 때는 물을 머금었다가 가뭄이 오면 도시 곳곳에 물을 공급한다. 이 저장소는 스마트 센서와 연동되어 필요한 구역에 물을 자동 분배하는 도심 수자원 허브다.

여의도 한강공원도 변했다. 평평하던 잔디밭 대신, 높낮이가 다양한 다층적 경관이 펼쳐져 있다. 평상시에는 시민들의 산책과 운동 공간이지만, 홍수 시에는 거대한 그릇처럼 물을 받아들인다. 이 과정에서 자연형 습지는 수질을 정화하고, 다양한 조류와 어류의 서식처가 된다. 공원 곳곳의 스마트 센서가 수위와 날씨를 실시간 모니터링하며, 위험이 예상되면 시민에게 자동 알림을 보낸다.

미래의 회복하는 도시는 첨단 기술과 자연의 지혜가 어떻게 조화를 이룰까? 건물 옥상에는 태양광 패널과 도시농장이 자리 잡고, 인공지능은 기상 데이터를 분석해 빗물정원의 배수량을 자동 조절한다. 드론은 도시 전체의 녹지 상태를 모니터링한다. 이 기술들은 자연의 회복력을 강화하는 보조 장치이며, 도시가 유연하게 대응할 수 있는 실시간 관찰망이 된다.

도시 곳곳의 '스마트 트리'들은 첨단 환경 센서 역할을 한다. 나무줄기에 내장된 센서가 대기질, 소음, 온도, 습도를 실시간으로 측정한다. 이 데이터는 시민들에게 최적의 산책로를 추천한다. 예컨대 미세먼지가 심한 날에는 공기 정화 능력이 높은 수종이 심어진 길로, 폭염이 심한 날에는 그늘이 짙은 길로 안내한다. 나무는 이제 생활 데이터를 제공하는 그린 인프라가 된 것이다.

더욱 놀라운 것은 도시 전체가 하나의 통합 생태계로 작동한다는 점이다. 한강의 물, 도심의 빗물정원, 남산 숲, 아파트 옥상정원이 연결되어 물과 공기, 생명이 순환한다. 강남에서 증발한 물이 남산 숲에서 비가 되어 내리고, 그 물은 청계천을 거쳐 한강으로 돌아가며 도시 물순환 시스템이 완성된다. 이 거대한 순환망은 도시를 단절된 공간이 아니라, 하나의 살아 있는 유기체로 바꾸었다.

가장 주목할 만한 변화는 시민들이 도시 환경 관리의 주체가 되었다는 점이다. 각 동네마다 '기후적응 시민위원회'가 구성되어 주민들이 직접 빗물정원을 가꾸고 관리한다. 어린이들은 학교에서 '도시 생태 디자이너' 교육을 받고, 청소년들은 자신이 사는 지역의 기후적응 방안을 직접 설계해 제안한다. 기후적응은 더 이상 전문가의 전유물이 아니라, 시민들의 학습과 실천으로 확산된다.

이 변화는 시민 생활에도 영향을 준다. 더 많은 녹지와 깨끗한 공기 덕분에 건강이 나아지고, 어린이들의 호흡기 질환은 줄어든다. 직장인들에게는 스트레스 해소의 공간이 된다. 노년층에게는 걷기와 휴식을 위한 치유 환경이 제공되어, 세대 간 모두에게 혜택을 주는 사회적 복지 기반이 된다.

서울은 전 세계 도시들과 긴밀히 연결된 '기후 연대 도시'가 된다. 코펜하겐의 빗물 관리, 싱가포르의 도시농업, 멜버른의 도시 숲 관리 경험이 실시간으로 공유된다.

서울의 빗물정원 모델은 방글라데시 다카, 필리핀 마닐라 같은 기후 취약 도시로 전수되어, 전 지구적 기후적응에 기여한다. 이 과정에서 서울은 더 이상 기후 위기의 피해자가 아니라, 지식을 발신하고 연대를 이끄는 주체로 거듭난다. 회복하는 도시의 미래는 특정한 곳에 머물지 않는다. 서울에서 시작된 작은 실험은 지구 곳곳으로 번져가며, 우리가 사는 도시가 어떤 모습이어야 하는지에 대한 새로운 기준을 세운다. 바로 여기에서, 상처를 배움으로 바꾸고 위기를 기회로 전환하는 회복탄력성의 진짜 의미가 드러난다.

CHAPTER 15

## 도시 문제 대부분은 관계 단절에서 온다

독립적으로 존재하는 것처럼 보이는 생태계와 사회가 실제로는 얼마나 밀접하게 연결되어 있는지 우리는 제대로 알지 못한다. 하지만 전 세계 곳곳에서 생태계가 회복되는 곳마다 사람들 사이의 관계도 함께 치유되는 놀라운 현상이 목격되고 있다.

런던 한복판의 상업 중심지에서 벌어지는 야생동물의 귀환, 제주의 곶자왈 숲에서 되살아나는 공동체 의식, 그리고 브라질 도시에서 40년간 지속되고 있는 시민 참여형 생태 네트워크. 이들의 공통점은 생태적 회복과 사회적 치유가 별개의 과정이 아니라 하나의 통합된 흐름이라는 사실이다.

우리는 오랫동안 환경 문제와 사회 문제를 각각 다른 영역의 과제로 취급해왔다. 그러나 조경의 언어 속에서 두 영역은 깊이 연관되어 있다. 경관은 끊어진 관계가 다시 연결되는 장소이자 과정이다.

## 야생이 돌아온 도시, 사람들이 되돌아온 관계

옥스퍼드 서커스 역에서 내려 리젠트 스트리트를 따라 걷다 보면, 예상치 못한 광경과 마주하게 된다. 빅토리아 시대 건물들 사이 좁은 골목에서 갑자기 들려오는 새소리, 회색 콘크리트 벽면을 타고 오르는 야생식물들, 그리고 그 위를 날아다니는 나비와 꿀벌들. 세계에서 가장 바쁜 상업 중심지 중 하나인 웨스트 엔드에서 벌어지고 있는 일이다.

2015년부터 시작된 '와일드 웨스트 엔드' 프로젝트는 런던의 심장부에 야생을 되돌리겠다는 대담한 실험이었다. 웨스트민스터 시의회와 런던 야생동물 보호 협회 등이 주도한 이 프로젝트의 핵심은 도시 생태계의 연결성 회복이었다.

"야생 꿀벌 한 마리가 리젠트 파크에서 출발해 그린 파크까지 이동하려면 어떤 경로를 택할까?"

프로젝트는 이 흥미로운 질문에서 비롯되었다.

당시 런던에는 꿀벌이 쉬어갈 수 있는 '생태적 징검다리'가 없었다. 해결책은 의외로 단순했다. 꿀벌과 나비가 잠시 머물 수 있는 작은 생태 공간을 적절한 간격으로 배치하는 것이었다. 옥상정원, 벽면녹화, 가로변 화단, 건물 사이 틈새까지 모든 공간이 촘촘히 연결되며 도심 전체가 하나의 거대한 생태 네트워크로 작동하기 시작한 것이다.

프로젝트가 진행되자 변화가 나타났다. 생물다양성이 늘고 새로운 조류가 관찰된 것도 의미 있었지만, 더 놀라운 것은 사회적 변화였다. 처음 시민들은 반신반의했지만, 작은 정원에 야생동물이 나타나자 분위기가 달라졌다. 주민들은 자발적으로 '시민 과학자'가 되어 곤충과 새를 관찰하고 기록하기 시작했다. 이 참여는 시민들이 취미활동을 넘어 과학적 데이터 축적에 기여했고, 도시계획 과정에도 반영되었다.

자연의 네트워크가 회복되자 사람들 사이의 관계망도 변화하기 시작했다. 특히 세대 간 연결이 두드러졌다. 웨스트 엔드의 젊은 직장인과 은퇴한 어르신들은 이전까지 거의 교류가 없었으나, 정원에서 꽃과 곤충을 관찰하는 과정이 새로운 매개가 되었다. 작은 지식을 주고받는 경험은 대화로 확장되었고, 어르신들은 멘토가 되었으며 젊은 세대는 자연에 대한 관심을 공유하면서 세대의 벽을 허물어 갔다. 도심 일상에서 갑작스러운 자연과의 만남은 짧지만 강한 정서적 효과를 남긴다. 이 경험은 개인을 넘어 공동체의 기억으로 공유된다.

개인적 경험은 곧 사회적 공유로 이어졌다. 사람들은 자신이 발견한 작은 자연을 사진으로 찍어 SNS에 올리고, 동료들과 공유했다. 자연에 대한 공통의 관심이 새로운 형태의 사회적 연결을 만들어낸 것이다. 디지털 네트워크는 생태 네트워크를 증폭시키며, 물리적·사회적 회복탄력성이 동시에 강화되었다.

코로나19 팬데믹이 런던을 강타했을 때 이런 변화의 진가가 드러났다. 봉쇄 기간, 와일드 웨스트 엔드의 생태 공간들은 시민들에게 중요한 심리적 피난처가 되었다. 재택근무를 하는 사람들은 집 근처 작은 정원에서 잠깐의 휴식을 찾았고, 필수업무로 도심에

나와야 하는 사람들은 길가의 야생화를 보며 위안을 얻었다. 이 시기 시민들은 자발적으로 정원을 돌보며 공간을 지켜냈다. 공식 관리가 중단된 상황에서도 교대로 물을 주고 잡초를 뽑았다.

위기 속에서 확인된 것은, 생태 네트워크가 물리적 연결뿐만 아니라 사회적 회복탄력성의 기반이었다는 사실이다.

### 숲이 사람을 치유하다, 제주 곶자왈의 공동체 회복

제주도 서부, 한경면 일대에 펼쳐진 곶자왈 숲에 첫발을 딛는 순간, 육지의 숲과는 확연히 다른 기운이 감돈다. 햇빛이 투과된 초록빛이 만들어내는 신비로운 분위기, 발아래 스펀지 같은 이끼의 탄력감, 그리고 무엇보다 이 모든 것을 감싸는 고요함. 이곳이 불과 20년 전까지만 해도 '개발하기 어려운 황무지'로 취급받았다는 사실이 믿어지지 않는다.

'곶자왈'은 제주 방언으로 '돌과 나무가 엉클어진 곳'을 뜻한다. 화산활동으로 만들어진 거친 용암지대에 형성된 숲으로, 나무가 자라기 어려운 척박한 땅이었기에 오랫동안 '쓸모없는 땅'으로 여겨졌다. 그런데 바로 이 '쓸모없음' 덕분에 곶자왈은 개발의 손길을 피해 원시 상태를 유지할 수 있었다.

1990년대까지만 해도 곶자왈은 제주도민들에게 험하고 가시덤불이 많은 숲일 뿐이었다. 관광지로서의 가치도 없었고, 농업 용도로도 부적합했다. 하지만 2000년대 들어 환경 전문가들이 이곳의 생태적 가치를 재발견했다. 제주도 전체 면적의 6%에 불과한 곶자왈이 제주도 지하수의 40% 이상을 함양하고 있다는 사실이 밝혀진 것이다.

가치가 드러나자 위기도 동시에 찾아왔다. 2000년대 중반 부동산 붐 속에서 골프장·리조트·펜션 개발 계획이 잇따라 발표된 것이다. '쓸모없던 땅'이 순식간에 '황금 땅'으로 바뀌었고, 도민 사회는 찬성과 반대로 갈라졌다. 가족과 마을까지 분열될 만큼 갈등은 치열했으나, 이 과정에서 도민들은 곶자왈의 생태 기능과 기후 조절 효과를 공부하고 토론하며 더 깊이 이해하기 시작했다. 이 갈등 속에서 곶자왈은 개발·보전의 문제를 넘어, 도민 스스로 지켜야 할 삶의 기반이라는 새로운 인식이 자리 잡기 시작했다.

2008년, 시민단체 '곶자왈사람들'이 결성되었다. 환경운동가뿐 아니라 교사·의사·농업인·상인 등 다양한 도민이 참여했다. 목표는 곶자왈을 매개로 한 공동체 회복이었다. 곶자왈 학교가 생겨 학생들은 숲을 걸으며 회복과 치유를 체험했다.

도시 생활에 지친 청년과 은퇴한 중장년층 사이에는 자연스러운 멘토링 관계가 형성되었다. 곶자왈을 찾은 시민들은 점차 이 숲을 살아 있는 생명체로 인식하게 되었고, 이러한 변화는 곶자왈이 주는 경험의 깊이를 잘 보여준다. 보전 운동은 세대와 지역을 잇는 다리가 되었다.

서울에서 이주해온 청년 세대는 번아웃 이후 제주에서 새로운 삶을 찾으며 지역 어르신들과 교류했다. 환경이라는 공통 관심사가 세대를 연결하는 언어가 된 것이다. 이러한 개인적 회복은 곧 지역 공동체의 회복으로 이어졌다. 곶자왈 보전 운동을 통해 형성된 네트워크는 환경을 넘어 문화·교육·경제 문제까지 함께 고민하는 협력망으로 확산되었다.

이 과정에서 특별한 발견도 있었다. 제주 어르신들의 전통 지식이 현대 생태학 연구와 놀랍게 일치한다는 사실이었다. "물이 솟는 곳 주변에는 특별한 식물이 자란다"는 경험적 지식은 실제로 지하수 함양 지대의 특수 식생 분포를 정확히 설명하고 있었다. 전통 지식과 현대 과학이 만나면서, 세대 간 이해와 존중이 깊어졌다.

2011년, 곶자왈 도립공원이 문을 열었다. 그러나 기존 관광지와는 달랐다. 대규모 시설 대신 최소한의 개입으로 탐방로를 마련해, 숲을 최대한 있는 그대로 보존했다. 운영 방식도 혁신적이었다. 곶자왈 학교 출신 시민들이 자원봉사 해설사가 되어 방문객에게 생태와 문화를 안내했고, 숲에 대한 애정과 경험이 담긴 해설은 방문객들에게 깊은 울림을 주었다.

곶자왈을 기반으로 한 새로운 시도들도 이어졌다. 특히 '치유 농장'은 숲의 치유력과 농업을 결합한 혁신적 실험이었다. 도시민들이 일정 기간 머물며 유기농업을 체험하고 생태 탐방을 통해 회복하는 프로그램이었다. 생명이 자라는 과정을 함께 경험하는 일이 곶자왈의 명상적 경험과 어우러져 큰 호응을 얻었다. 이러한 시도는 곶자왈을 단순한 보전 대상에서 치유와 혁신의 플랫폼으로 전환시켰다.

## 개인적 치유가 사회적 연결로 이어지다

런던 와일드 웨스트 엔드와 제주 곶자왈의 사례는 겉으로 보면 전혀 다르다. 런던은 도심 속에 인공적으로 생태 네트워크를 만들었고, 제주는 오래된 숲을 지켜내는 데서 출발했다. 그러나 두 사례는 같은 흐름을 보여준다. 자연이 살아나는 곳에서는 사람들의 관계도 회복되고, 두 과정은 서로를 강화하며 함께 자라난다.

왜 이런 일이 일어날까? 환경심리학자들은 이를 '주의 회복 이론'으로 설명한다. 복잡한 도시에서 지친 마음은 숲 같은 자연 속에서 집중력을 되찾고 에너지를 회복한다는 것이다. 하지만 이 설명만으로는 개인의 치유가 곧바로 사회적 연결로 이어지는 이유를 다 설명하지는 못한다. 여기서 아들러의 '사회적 관심' 개념이 더해진다. 공통의 관심사는 사람을 혼자가 아니라 함께 살아가도록 이끈다. 곶자왈 숲길을 함께 걷거나, 작은 정원에서 나비를 바라보는 경험은 그 자체로 공동의 관심사가 된다. 꽃과 새소리는 나이와 직업, 지위를 넘어 누구에게나 열려 있기 때문에 자연은 세대를 연결하는 대화의 매개가 된다.

두 사례 모두에서 시민 참여는 단계적으로 깊어졌다. 처음에는 단순한 호기심으로 시작했지만, 점차 직접적인 행동과 책임으로 발전했다. 런던에서는 곤충과 새를 기록하는 시민 과학 활동이 자리 잡았고, 제주에서는 곶자왈 해설사와 치유 농장이 등장했다. 이런 참여는 개인의 생활 습관을 바꾸고, 다시 공동체의 인식을 높이는 순환 구조를 만들었다.

특히 제주에서는 전통 지식과 현대 과학이 결합하는 과정이 두드러졌다. 어르신들의 경험적 지식은 과학적으로 검증되면서 가치를 인정받았고, 젊은 세대는 이를 디지털 기술로 기록하며 확산시켰다. 동시에 어르신들도 과학적 접근을 배우며 자신의 경험을 새롭게 이해했다. 이 과정은 세대 간의 상호 학습이었다.

외부 위기 상황에서 이런 흐름의 힘은 더욱 분명해졌다. 런던의 작은 정원들은 팬데믹 시기에 시민들의 마음을 지탱해주었고, 제주의 치유 농장은 관광업이 흔들리던 시기에 새로운 대안으로 주목받았다. 생태적 네트워크가 충격을 흡수하듯 다양한 배경의 사람들이 연결된 사회적 네트워크 역시 위기 속에서 서로를 지켜냈다.

이 변화가 지속되려면 시간이 필요하다. 계획은 고정되지 않고 환경에 맞춰 조정되어야 한다. 시민·전문가·행정이 역할을 나누어 같은 목표를 향해 협력할 때 가능하다.

### 관계 회복의 새로운 모델

런던과 제주의 사례에서 나타난 공동체는 전통적인 지역 공동체와는 성격이 다르다. 혈연이나 지연이 아니라, 자연을 매개로 한 관심과 애정이 사람들을 하나로 묶는다. 직업과 나이, 사회적 배경이 달라도 숲과 정원이라는 공통분모 앞에서 사람들은 자연스럽게 연결된다.

이런 생태 공동체는 몇 가지 특징으로 설명된다. 자연 앞에서는 누구나 평등하다. 혼자서는 불가능한 일을 함께하며 협력한다. 나무가 자라고 숲이 회복되듯, 사람들도 인내를 배우며 관계를 깊게 한다. 세대 간에는 상호 학습이 일어나고, 개인의 치유 경험은 사회적 창조로 확장된다.

물론 이러한 모델이 어디서나 똑같이 적용되는 것은 아니다. 생태적 가치가 있는 공간과 이를 지키려는 사람들이 필요하며, 제도적 지원이 뒷받침될 때 변화는 수월해진다. 반대로 개발 압력이나 낮은 인식, 단기 성과 위주의 환경에서는 실행이 어렵다.

그럼에도 이런 접근의 확산 가능성은 충분하다. 기후 위기와 사회적 단절이 심화되는 지금, 자연과 사회를 함께 회복하려는 시도는 더욱 절실하다. 중요한 것은 각 지역의 조건에 맞게 창의적으로 적용하고, 인내심을 가지고 꾸준히 이어가는 일이다. 생태 공동체는 완성된 결과물이 아니라, 끊임없이 변화하며 사람과 자연을 함께 성장시키는 과정이다.

## 관계 회복의 조경, 회복탄력성의 기반

도시의 진정한 회복탄력성은 거대한 제방이나 높은 빌딩에 있지 않다. 눈에 보이지 않는 관계망에 있다. 런던 와일드 웨스트 엔드의 생태 네트워크 복원은 동시에 사회적 관계망의 회복이었고, 제주 곶자왈을 중심으로 형성된 공동체는 생태 지식과 사회적 유대를 엮어내며 선순환을 만들어냈다.

생태계의 건강과 사회의 건강은 분리될 수 없다. 자연이 회복되면 사람들의 관계도 살아나고, 관계가 단단해질수록 자연을 지키려는 힘이 커진다. 이렇게 자연과 사회가 서로를 강화할 때 도시는 외부 충격에 흔들리지 않는 회복탄력성을 얻는다.

조경은 이 과정의 중요한 매개체로서, 끊어진 연결고리를 다시 잇는 역할을 한다. 꿀벌이 꽃에서 꽃으로 이동하듯, 사람과 세대, 과거와 미래를 잇는 사회적 네트워크를 함께 만든다. 오늘날 도시가 직면한 기후변화, 사회적 분열, 정신건강 문제는 모두 관계의 단절에서 비롯된다. 기술적 해결책만으로는 충분하지 않다. 자연과 인간, 인간과 인간의 관계가 회복되어야 도시는 지속 가능할 수 있다.

관계 회복의 조경이 만들어갈 미래 도시를 상상해보자. 곳곳의 작은 생태 공간들이 생물의 이동 통로이자 사람들의 만남의 장소가 된다. 세대 간 대화가 자연스럽게 이어지고, 전통 지식과 현대 과학이 만나 새로운 지혜가 태어난다. 위기 상황에서는 시민들이 자발적으로 공간을 돌보며, 개인의 치유가 공동체의 회복으로 확장된다. 이런 도시는 물리적 인프라뿐 아니라 보이지 않는 사회적 인프라를 함께 갖추고 있기에, 외부 충격에도 흔들리지 않고 스스로 적응하며 진화해 나갈 수 있다.

> CHAPTER 16　조경은
>
>
> 비용이 아니라
>
>
> 투자다

좋은 아이디어도 돈과 기술 없이는 지속될 수 없다.

"쓰레기 더미 위에서 스키를 탄다"고 말하면 농담처럼 들릴 것이다. 그러나 2022년 여름, 덴마크 코펜하겐의 쓰레기 소각장 코펜힐 위에서 재즈 페스티벌이 열렸고, 시민들은 사시사철 스키는 물론 하이킹, 러닝, 클라이밍을 즐긴다. 1년 후 2023년 11월, 일본 도쿄 도심 한복판에 30년 이상 기획된 복합단지가 들어섰다. 8만 제곱미터 부지에 일본 최고층 빌딩(330미터)과 2만 4천 제곱미터의 녹지가 어우러진 아자부다이 힐스다.

전혀 다른 장면처럼 보이지만, 두 사례는 같은 메시지를 전한다. 불가능해 보였던 일이 실제로 벌어지고 있다는 것, 그리고 이것이 일회성 이벤트가 아니라 지속 가능한 시스템으로 운영되고 있다는 것이다.

성공의 배경에는 경제적 논리와 기술적 혁신이 있으며, 이 모든 것이 '경관'이라는 플랫폼 위에서 결합했다. 여기서 경관은 인간의 삶과 도시의 기능을 담아내는 종합적 무대다.

코펜힐은 폐기물 처리라는 도시의 필수 기능에 에너지 생산, 탄소 포집, 레크리에이션을 결합해 순환 경제 모델을 만들었다. 아자부다이 힐스는 녹지 확보와 첨단 시설을 결합해 지속 가능한 도시 개발의 새로운 방향을 제시했다. 하나는 순환 경제의 극한을, 다른 하나는 지능형 기술의 극한을 보여주면서도, 두 사례 모두 경관을 중심에 두고 사람·자연·기술·경제를 하나로 엮어냈다.

## 폐기물에서 자원으로, 코펜힐의 순환 경제 혁신

코펜힐은 멀리서 보면 은빛으로 빛나는 거대한 산처럼 보인다. 높이 85미터, 길이 500미터의 경사면이 하늘을 향해 완만하게 뻗어 올라간다. 이 '산'의 정체는 쓰레기 소각장이지만, 아무도 혐오시설로 여기지 않는다. 시민들은 이 인공 산을 따라 천천히 걸어 올라가며 도시 위에서만 누릴 수 있는 특별한 풍경을 만끽한다.

경사면에는 지그재그로 이어지는 산책로가 놓여 있다. 길가에는 강풍에도 끄떡없는 북유럽 자생식물, 세덤과 야생화가 뿌리를 내렸다. 바닥은 걷기와 러닝에 적합한 재질로 설계되었고, 계절과 상관없이 이용할 수 있는 인공 스키 슬로프가 정상까지 이어진다. 건물 전체 높이를 활용한 세계에서 가장 높은 실외 클라이밍 벽도 설치되어 있다.

정상에 오르면 외레순 해협 너머 스웨덴과 코펜하겐 구시가지의 붉은 지붕이 한눈에 들어온다. 이런 파노라마는 평지의 도시에서는 볼 수 없고 코펜힐 정상에서만 가능한 경험이다. 정상에는 옥상정원과 카페가 있어 여유롭게 휴식을 즐길 수 있다. 123미터 높이의 굴뚝에서는 독성 물질이 아닌 순수한 수증기가 흘러나온다.

이 모든 장면은 '폐기물 처리 시설'이라는 도시 인프라 위에서 펼쳐진다. 발아래에서는 매년 약 40만 톤에 달하는 폐기물이 소각되고, 그 과정에서 나온 열과 전기는 약 15만 가구에 난방과 전력을 공급한다. 매년 30만 명 이상이 이곳을 찾는다. 시민들은 쓰레기 소각장의 존재를 잘 알지만 불안을 느끼지 않는다. 오히려 안심하며 산책하고, 아이들은 뛰어놀고, 어른들은 클라이밍 벽에서 도전의 짜릿함을 맛본다. 코펜힐은 이제 더 이상 소각장이 아니라 코펜하겐을 대표하는 도시의 랜드마크다.

이 모든 성공의 바탕에는 철저한 경제 논리와 '경관'에 대한 새로운 인식이 있다. 코펜힐의 정식 명칭은 '아마게르 바케(Amager Bakke)'다. 이 시설은 다층적 수익 구조 덕분에 장기적 운영이 가능하다. 첫째, 코펜하겐과 인근 5개 도시에서 생활 및 산업폐기물을 받아 처리하며 발생하는 폐기물 처리 수수료다. 매립 대신 소각을 기본 정책으로 하는 덴마크의 제도 덕분에 안정적인 수요가 확보된다. 둘째, 소각 과정에서 발생하는 에너지를 판매해 얻는 수익이다. 셋째, 탄소 포집 기술이다. 여기서 회수된 이산화탄소는 다양한 산업에 활용되며 새로운 자원이 된다. 넷째, 스키 슬로프와 클라이밍 벽 같은 레크리에이션 시설 운영이다. 이렇게 네 가지 수익원이 상호 보완되면서, 코펜힐은 기능적 시설을 넘어 '복합적 경관'으로 자리매김했다.

처음부터 시민들이 이 시설을 받아들인 것은 아니었다. 2011년 소각장 건설 계획이 발표되자 예상대로 "내 뒷마당에는 안 된다(NIMBY)"는 반대가 거셌다. 하지만 전환점은 2010년 현상 공모였다. 비아르케 잉엘스가 이끄는 BIG 건축사무소는 소각장을 숨기거나 위장하는 대신, 아예 시민들이 즐길 수 있는 여가 공간으로 만들자는 파격적인 아이디어를 제시했다. 그는 이를 '쾌락적 지속 가능성(Hedonistic Sustainability)'이라 불렀다. 환경을 위해 희생하는 것이 아니라, 즐거움을 통해 지속 가능성을 이루겠다는 발상이었다.

이 비전은 최첨단 기술이 뒷받침했다. 고온 소각 후 발생하는 가스는 정밀 필터를 거쳐 중금속과 미세먼지를 완벽하게 제거한다. 굴뚝에서 나오는 것은 무해한 수증기뿐이었다. 주민들의 우려와 달리 대기 질은 오히려 개선되었고, 시설은 안전하게 운영되었다. 이때부터 시민들의 인식은 빠르게 바뀌었다. 처음에는 두려움과 반발이었지만, 지금은 자부심과 애착으로 자리 잡았다. 주말이면 가족 단위로 이곳을 찾고, 아이들에게는 놀이터, 어른들에게는 휴식처가 되었다.

코펜힐의 진짜 혁신은 기술 자체가 아니라 '경관'에 대한 발상의 전환이다. 기능과 미학, 환경과 경제를 분리하지 않고 하나의 무대 위에 결합했기 때문에 가능했다.

혐오시설을 매혹적인 경관으로 바꾸어낸 힘, 바로 그곳에서 코펜힐의 가치는 드러난다. 세계 여러 도시가 코펜하겐의 실험을 주목하는 이유도 여기에 있다. 코펜힐은 폐기물을 자원으로 바꾸고, 환경을 도시의 즐거움으로 전환하며, 경제와 기술을 경관 속에서 융합한 순환 경제의 상징이다.

## 도심 속 거대한 정원: 아자부다이 힐스의 녹색 혁신

도쿄 도심 한복판, 빽빽한 콘크리트 건물들 사이로 거대한 녹색 언덕이 모습을 드러낸다. 위성사진으로 보면 더욱 뚜렷하다. 회색빛 도시의 심장부에 초록빛 섬이 떠 있는 듯하다. 아자부다이 힐스의 2만4천 제곱미터 녹지는 도쿄 도심에서는 상상하기 힘든 규모다. 전체 부지 8만 제곱미터 중 약 30%에 해당하며, 기획부터 완공까지 34년, 토지 소유주 삼백 여 명과의 협상 끝에 탄생했다. 총투자비만 약 4~5조 엔인, 일본 도심 재개발 역사에서 가장 장대한 프로젝트로 꼽힌다.

이곳의 가장 큰 특징은 녹지가 평면이 아니라 입체적으로 쌓여 올라간다는 점이다. 지상 1층 중앙 광장에서 시작된 녹지는 곡선형 보행로를 따라 2층, 3층으로 이어지고, 건물과 건물을 연결하는 공중 정원과 옥상 과수원, 건물 벽면을 타고 오르는 수직 정원으로 확장된다. 마치 계단식 논처럼 층층이 쌓여 올라가는 이 구조는 도심 속에서 보기 드문 장관을 연출한다.

직접 걸어보면 그 입체감은 더 강렬하다. 완만한 경사로를 따라 올라가다 보면 어느새 지상 20미터 높이에 서게 된다. 발밑으로는 빌딩 숲이 펼쳐지고, 시선을 들면 330미터 높이의 일본 최고층 빌딩 모리 JP 타워가 하늘을 찌른다. 초록빛 경관과 초고층 빌딩이 한 화면에 담기는 이 경험은 아자부다이 힐스만의 독창적 풍경이다.

단지는 녹지 공간을 넘어 주거, 업무, 문화, 쇼핑, 교육, 의료까지 도시의 모든 기능을 집약한 '도시 속 도시'다. 최고급 아파트, 국제학교, 의료센터, 미술관이 한 공간에 들어서 있으며, 특히 입체적 녹지 설계는 디자이너 토머스 헤더윅이 맡았다. 그는 곡선형 구조와 풍부한 녹지, 그리고 다양성과 연결성을 통해 건축과 자연의 경계를 허무는 유기적 디자인을 실현했다.

아자부다이 힐스의 혁신은 이 거대한 녹지가 도시 생태계 복원의 실험 무대라는 데 있다. 과일나무와 전통 정원의 소나무·단풍, 허브와 채소까지 다양한 식물이 자란다. 이 식물들은 무작위로 심어진 것이 아니라, 도쿄의 기후와 토양에 적응하며 사계절 내내 변화하는 경관을 만들어내도록 치밀하게 계획되었다.

특히 주목할 만한 것은 '식용 경관'이다. 옥상 곳곳에 과수원과 채소밭이 있어 직장인들이 점심시간에 토마토를 따먹고, 아이들이 블루베리를 직접 수확한다. 도심 속에서 농업을 경험할 수 있는 드문 공간이다.

녹지는 기후 위기에도 대응한다. 여름에는 증발 냉각 효과로 주변 온도를 낮추고, 장마철에는 빗물을 흡수해 홍수를 완화하며, 겨울에는 찬 바람을 막아주는 방풍림 역할을 한다. 이는 기후적응, 식량 제공, 생물 다양성 회복이라는 세 가지 과제를 동시에 해결하는 다기능 경관으로 작동한다.

여기에 재생에너지, 빗물 재활용, 친환경 냉난방 기술이 결합해 지속 가능한 운영을 가능하게 한다. 이런 복합적 기능은 도시 인프라와 경제 시스템의 일부다.

무엇보다 주목할 점은 녹지에 대한 투자가 도시의 지속 가능성을 높였다는 사실이다. 아자부다이 힐스의 오피스 임대료는 도쿄 평균보다 다소 높지만, 이는 단순한 부동산 프리미엄이 아니라, 쾌적한 환경과 공공 공간이 만들어낸 도시 경쟁력의 반영이다. 녹지에 투자한 비용이 곧바로 경제적 가치로 회수된다는 확실한 증거다. 아자부다이 힐스는 '녹지는 비용'이라는 통념을 뒤집고, '녹지는 투자'라는 관점을 현실로 증명했다.

### 우리는 어떻게 할까

세계 도시들이 불가능해 보이던 상상을 현실로 바꾸고 있다. 코펜하겐은 쓰레기 소각장을 등산과 스키의 무대로 만들었고, 도쿄는 초고층 빌딩 숲 한가운데 거대한 정원을 세웠다.

그렇다면 우리는 어떨까? 한국의 도시와 바다는 어떤 실험 무대가 될 수 있을까? 이제 시선을 서울과 부산, 그리고 서해의 갯벌로 옮겨보자. 여기서도 경관은 비용이 아닌 투자로서, 도시와 자연, 경제와 문화를 하나로 엮는 힘을 발휘하고 있다.

먼저 한강 위의 작은 섬으로 가보자. 서울 한복판에 위치한 노들섬은 오랫동안 방치된 공간이었지만, 최근 토머스 헤더윅의 '사운드스케이프' 프로젝트 무대가 되었다. 그는 건축물이 아니라 살아 있는 경관을 제안했다. 서울을 둘러싼 산의 형태에서 영감을 얻은 곡선형 지형이 섬 전체를 덮고, 긴 스카이워크가 공중에 떠 있는 작은 섬들을 연결한다. 서로 다른 높이의 전망대와 이벤트 광장이 구름처럼 흩어져, 사람들은 걸음을 옮길 때마다 새로운 시야와 만남을 경험하게 된다.

기존 건물을 최대한 존치하면서 주변부만 재구성하는 방식도 주목할 만하다. 지상과 지하, 그리고 공중이 매끄럽게 이어지며, 시민들은 경관 안에서 음악·예술·일상을 함께 누릴 수 있다. 노들섬은 더 이상 고립된 섬이 아니라, 도시와 강을 잇는 감각적 결절점으로 변모하고 있다.

강 위의 섬을 지나 이번에는 바다로 떠나보자. 부산 앞바다에서는 또 다른 거대한 실험이 진행 중이다. 지속 가능한 해상도시 '오셔닉스 부산'은 유엔 해비타트와 부산시가 함께 추진하고 있는 프로젝트다. 세 개의 부유식 플랫폼은 파도 위에 떠 있으면서도 도시의 기능을 담고 있다. 각 플랫폼에는 수변 산책로와 옥상 정원, 해양 농업 시설이 어우러져 주민들이 직접 작물을 기르고 바다와 교감할 수 있다. 태양광 패널과 해상 풍력 시설은 에너지를 생산하면서 경관의 일부로 디자인되었고, 바다 위 정원처럼 보이는 이 장치들은 기술과 자연, 생활이 통합되는 방식을 보여준다. 폐기물 제로, 자원 재활용, 탄소중립 에너지까지 포괄하는 시스템은 '바다 위의 스마트 경관 도시'라는 새로운 가능성을 제시한다.

넓은 바다 위 실험에서 다시 도시 깊숙한 지하로 들어가 보자.

서울 상도역 지하에는 '메트로팜'이 자리한다. LED 조명과 수경재배 시스템을 통해 흙 없이 채소를 기르는 스마트팜이다. '생산에서 소비까지 10미터'라는 개념은 도시농업의 극한을 보여준다. 역에서 기른 채소가 곧바로 옆 카페나 자판기에서 판매되기 때문에 운송비도, 보관비도 들지 않는다. 무농약 재배로 안전성을 확보하고, 도심 속 시민들에게 신선한 먹거리를 즉시 제공한다. 이 모델은 다른 지하철역으로 빠르게 확산되었고, 일부 역에서는 유휴 공간 전체가 수직 농장으로 변모했다. 교통 인프라와 식량 생산이 결합한 독특한 실험은 '지하 경관'이라는 새로운 차원을 열었다.

도시와 지하를 거쳐 시선을 다시 자연으로 시선을 돌리면, 서해 가로림만이 기다리고 있다. 이곳은 잘 보존된 갯벌과 점박이물범이 서식하는 바다, 잘피 숲이 자라는 생태 보고다. 최근 진행 중인 프로젝트는 바다를 정원으로 되살리는 시도다.

갯벌 위에 설치된 목재 데크길을 따라가면 다양한 저서생물을 관찰할 수 있고, 조간대 전시장에서는 바닷물이 드나드는 과정을 실시간으로 체험할 수 있다. 폐염전은 갯벌 복원 공간으로 전환되고, 잘피 숲은 블루 카본을 저장하는 해중림으로 복원된다. 이 정원은 별도의 에너지 공급 없이 해수의 순환만으로 유지된다. 바다가 스스로 정원을 가꾸는 것이다.

노들섬의 음악과 예술, 오셔닉스 부산의 해상도시, 메트로팜의 지하 농장, 가로림만의 바다 정원. 이들의 공통점은 분명하다. 경관은 새로운 가치를 창출하는 투자라는 사실이다. 하늘에서 지하까지, 강에서 바다까지, 경관은 공간의 경계를 넘어 새로운 가능성을 열고 있다. 상상력이 기술과 만나고, 기술이 경제와 연결되며, 경제가 다시 더 큰 상상력을 낳는 선순환. 그 중심에는 언제나 경관이 있다. 건물도, 기술도, 돈도 아닌, 사람과 자연이 만나는 접점, 바로 그곳에서 미래가 만들어지고 있다.

## 회복의 지속 가능성

코펜힐과 아자부다이 힐스는 조경이 도시의 미래 가치를 창출하는 경제적 자산임을 보여준다. 경제성과 기술이 뒷받침될 때, 환경과 사회의 변화는 일회성이 아니라 지속 가능한 시스템으로 자리 잡는다. 코펜힐은 폐기물을 에너지로, 에너지를 시민의 여가로 전환하며 순환의 모델을 제시했고, 아자부다이 힐스는 초고밀도 도심 속에서 거대한 녹지를 구현하며 생태계와 도시의 조화를 이끌어냈다. 하나는 자원의 순환과 재생을 통한 지속 가능성을, 다른 하나는 도시 밀도와 자연 생태계의 조화를 통한 회복탄력성을 상징한다.

두 모델의 공통점은 '경관'이라는 통합적 사고에 있다. 쓰레기 소각장이 도시의 랜드마크가 되고, 고층 빌딩 단지가 거대한 정원이 되는 것은 단순한 기능의 결합이 아니다. 서로 다른 요소들이 하나의 경관 안에서 새로운 의미를 만들어내는 창조적 과정이다.

한국도 이미 같은 길을 걷고 있다. 서로 다른 차원의 작은 실험들이 모여 하나의 흐름을 만들고 있으며, 이는 점차 더 큰 변화의 토대가 되고 있다. 중요한 것은 이러한 시도들을 어떻게 연결하고 확산시킬 것인가다.

경제적 지속성과 기술적 혁신이 결합할 때, 경관은 우리의 일상을 지탱하고 미래를 여는 주체가 된다.

## CHAPTER 17  노인에겐 병원보다 정원이 필요하다

2025년, 한국은 세계에서 가장 빠른 속도로 초고령사회에 진입했다. 인구 다섯 명 중 한 명이 65세 이상이 되면서, 도시와 농촌은 모두 전례 없는 변화에 직면하고 있다. 병원과 요양시설은 늘어났지만, 치매 환자와 사회적 고립 문제 역시 심화되고 있다. 복지 재정의 부담은 젊은 세대에게 전가되고, 은퇴한 세대는 일상의 무대를 찾기조차 쉽지 않은 현실에 놓였다.

고령화는 단순한 개인의 노화 과정이 아니라 사회 전체의 구조적 위기다. 의료비 증가는 물론, 돌봄 인력 부족, 세대 간 갈등, 지역 공동체 해체가 동시에 진행된다. 병원을 많이 짓고 약을 처방하는 것만으로는 이 문제를 해결할 수 없다. 노년층이 다시 삶의 리듬을 되찾고 사회적 관계를 회복할 수 있는 새로운 접근이 필요하다.

바로 여기서 경관이 해답의 단초를 제공한다. 정원, 농업, 치유 공간은 시니어들의 삶을 새롭게 호흡하게 만드는 무대다. 가까이서 자연을 만나고 계절의 변화를 느끼며 이웃과 대화하는 행위는 의료비로 환산하기 어려운 회복의 힘을 준다. 나무 그늘 아래에서 나누는 대화, 손끝에 남는 흙의 감촉, 바람에 실려 오는 꽃향기는 약이 대신할 수 없는 치유다.

우리나라 곳곳에서 이와 관련한 다양한 실험들이 펼쳐지고 있다. 기억을 불러내는 치매 정원, 삶의 의미를 회복하게 하는 치유 농업, 세대를 잇는 공동 농장…. 이 이야기들은 노년의 삶을 어떻게 새롭게 설계할 수 있는지 보여줄 뿐 아니라, 그것이 도시 전체의 회복력과 어떻게 연결되는지도 드러내줄 것이다.

## 세대를 잇는 치유 농업

전북 고창군의 마을 단위 치유 농업 프로그램은 농촌의 특성을 살린 대표적 시도다. 지역 농업기술센터가 중심이 되어, 어르신들이 평생 해온 벼농사와 채소 재배, 과수원 관리 같은 활동을 다시 이어 갈 수 있도록 했다. 작은 화분을 돌보는 수준이 아니라, 햇볕 아래에서 넓은 논과 밭을 가꾸는 경험이 치유로 이어진다.

이 활동은 신체적 효과가 크다. 규칙적인 농작업은 근력과 균형 감각을 유지하게 하고, 햇빛은 비타민 D를 공급해 뼈 건강을 돕는다. 동시에 정서적 안정과 스트레스 완화에도 기여한다. 노년층은 밭고랑에서 이웃과 대화를 나누며 고립감을 덜고, 함께 수확한 농산물에서 성취감을 얻는다. 도시형 치유 조경과는 다른 차원의 깊은 효과를 보여준다. 무엇보다 중요한 것은, 나이 듦이 곧 역할

상실을 뜻하는 것이 아니라, 삶의 경험이 새로운 가치로 이어질 수 있음을 확인하는 과정이다. 치유 농업은 어르신들에게 과거와 현재를 이어주며 자존감을 회복하는 무대다.

도시에서도 새로운 방식이 시도되고 있다. 서울 도봉구의 마들체험농원은 세대 통합형 치유 조경의 대표 사례다. 조성 배경에도 도시의 복합적 문제가 드러난다. 도봉구는 65세 이상 인구가 20% 안팎에 이르는 초고령 지역이다. 아파트 단지가 빽빽하게 들어선 이곳에서 특히 1인 가구 노년층의 고립이 두드러졌고, 동시에 도시 아이들이 자연과 접촉할 기회가 부족한 문제도 점점 심각해지고 있었다.

서울시는 2015년 도심 속 체험농원을 조성해 이 문제에 대응했다. 그 결과 어르신과 청소년, 직장인까지 다양한 세대가 함께 작물을 돌보며 관계를 이어가는 공간이 만들어졌다. 이 농장은 단순한 생산의 장소를 넘어 사회적 관계를 회복하는 '도시형 치유 농업'의 장으로 발전했다. 사람들은 식물이 자라는 시간을 함께 지켜보며 마음을 다스리고, 서로의 일상을 나누는 새로운 공동체를 만들어가고 있다.

농원의 프로그램은 연령대별로 세심하게 설계되어 있다. 어린이들은 흙놀이 프로그램에서 직접 씨앗을 심고 자연을 배우며, 청소년들은 도시농업 체험으로 학업 스트레스에서 벗어난다. 직장인들은 주말농장에 참여해 일상의 긴장을 풀고, 시니어들은 원예치료 프로그램을 통해 건강을 관리하며 평생의 경험을 살려 작물 관리에 기여한다.

특히 시니어 프로그램은 규칙적인 신체 활동으로 건강을 유지하고, 식물의 성장을 돌보는 과정에서 책임감과 삶의 가치를 느끼도록 구성되어 있다. 무엇보다 농작업을 함께 하면서 경험을 나누고 대화를 이어가며 사회적 상호작용이 활발히 이루어진다. 농업이라는 공통 관심사는 세대와 성별의 경계를 넘어선 소통을 가능하게 한다.

최근에는 다문화 가정의 참여도 늘고 있다. 예를 들어 베트남 출신 결혼이민자가 고추와 깻잎을 기르며 한국 농업을 배우는 동시에, 고향의 허브인 레몬그라스를 이웃에게 나눠주는 모습이 인상적이다. 언어가 달라도 함께 흙을 만지고 땀을 흘리며 일하다 보면 자연스러운 유대가 형성된다.

고창의 치유 농업이 노년층이 건강과 삶의 의미를 되찾는 공간이라면, 마들체험농원은 세대와 문화를 연결하는 공동체의 장이다. 규모와 맥락은 다르지만, 두 사례 모두 치유 조경이 개인의 건강 관리에 머물지 않고 사회 통합의 기반으로 확장될 수 있음을 잘 보여준다.

## 치매환자를 위한 정원

2017년 치매국가책임제 도입과 함께 전국적으로 치매안심센터 설치 확대가 추진되었다. 치매가 사회적 문제로 부각되면서, 우리 사회는 의료비 부담 논의를 넘어 예방과 비약물적 치료에 주목하기 시작했다. 그 중심에 원예치료라는 새로운 접근법이 있다.

서울 도봉구 치매안심센터를 비롯한 전국의 치매안심센터에서는 흥미로운 변화가 관찰되고 있다. 원예치료 프로그램에 참여한 환자들이 특정 향기나 식물을 접하며 과거의 기억을 되찾는 것이다. 이런 현상은 후각이 기억과 직접 연결된 감각이라는 신경과학적 연구 결과를 치료 현장에서 확인하는 순간이었다.

치매안심센터의 원예치료 정원은 일반적인 정원과는 접근 방식부터 다르다. 무엇보다 안전성이 최우선이다. 치매 환자들은 방향감각을 잃기 쉽고 위험을 제대로 인지하지 못하기 때문이다. 그래서 순환형 산책로를 만들어 어느 길로 가더라도 다시 출발점으로 돌아오도록 했다. 모든 식물은 독성이 없고 자극이 적은 것으로 선정했고, 가시가 있는 식물은 배제했다. 바닥재는 미끄럽지 않으면서도 걷기 편한 재료로 선택했다. 식물의 향기와 색감, 발밑의 촉감까지 세심히 설계에 반영되었다.

기억을 깨우는 향기는 식물 선택에서 비롯된다. 라벤더나 쑥 같은 향이 강한 식물을 집중 배치해 향기를 맡은 환자들이 과거의 기억을 회상하도록 돕는다. 향기를 매개로 기억의 조각들이 되살아나는 것이다. 이런 향기 정원은 후각 자극이 인지 기능 유지에 긍정적 영향을 준다는 연구 결과를 바탕으로 한층 정교하게 구성되었다.

원예치료 프로그램의 구체적 활동도 치매 환자의 특성을 철저히 고려해 설계된다. 씨앗 심기, 물주기, 잡초 제거 같은 단순하고 반복적인 활동은 환자들이 부담 없이 참여할 수 있다. 손끝을 쓰는 미세한 동작은 운동 기능과 인지 기능 자극에 효과적이다. 그러나 무엇보다 중요한 것은, 이 활동들이 개인적 치유를 넘어 함께 하는 경험이라는 점이다. 환자들은 옆 사람과 대화를 나누며 협력하고, 함께 키운 식물이 자라나는 성취감을 공유한다.

한국의 치유 조경 실험은 서울에만 머물지 않는다. 부산 기장군 치매안심센터의 센서리 정원은 감각 중심의 치유 조경이 어떤 가능성을 가지는지 보여주는 사례다. 이곳은 환자의 오감을 체계적으로 자극해 인지 기능 개선을 돕도록 설계되었다.

이 정원에서 가장 인상적인 것은 계절별로 달라지는 촉각 경험이다. 봄에는 새순의 부드러운 질감, 여름에는 잎사귀의 시원한 감촉, 가을에는 열매의 단단한 표면, 겨울에는 상록수 잎의 거친 질감까지 다양한 촉각 자극이 제공된다. 이는 시각이나 청각 활용이 어려운 환자도 촉각을 통해 자연과 교감할 수 있도록 한 설계적 배려다. 특히 이곳은 문화재단의 예술 프로그램과 보건소의 의료적 전문성이 결합되어, 정원이 지역 전체가 함께 돌보는 치유 플랫폼으로 발전하고 있다.

세종특별자치시에서는 또 다른 혁신적 모델이 시도되고 있다. 세종시 보건소와 한경국립대학교 조경·치유환경 전공이 협업해 운영하는 치매예방정원은 대학의 연구 역량과 행정기관의 실행력이 결합한 사례다. 이곳에서는 연구와 실천이 선순환 구조로 진행된다. 녹지가 인간의 정서와 인지 기능에 미치는 효과를 과학적으로 측정하고, 그 결과를 다시 정원 설계와 치료 프로그램에 반영한다. 이를 통해 치유 조경은 단순한 여가 활동이 아닌 근거 기반의 치료적 개입으로 자리 잡아가고 있다.

## 세계가 주목하는 북유럽의 치유 정원 과학

스웨덴 스톡홀름의 카롤린스카 병원에 들어서면, 일반적으로 떠올리는 병원 복도와는 전혀 다른 풍경이 눈앞에 펼쳐진다. 긴 흰 벽과 소독약 냄새 대신, 유리창 너머로 쏟아져 들어오는 자연광이 복도를 환히 밝히고, 창밖에는 환자들의 눈높이에 맞춘 작은 정원들이 자리한다. 침대에 누운 이들조차 창을 통해 계절의 변화를 볼 수 있다. 이 순간 병원은 더 이상 치료 공간이 아니라 자연이 스며든 하나의 경관으로 변한다.

가장 인상적인 곳은 병원 중앙의 대형 치유 정원이다. 입구에 들어서자마자 라벤더와 로즈메리, 타임이 내뿜는 향기가 코끝을 스친다. 손끝으로 잎을 비비면 향유가 묻어나고, 환자들은 그 향기 속에서 잊고 지낸 기억을 떠올린다. 후각이 뇌의 기억 중추와 직접 연결된다는 사실을 몸으로 확인하는 순간이다.

정원을 따라 걸으면, 자작나무 그늘 아래 벤치가 놓여 있다. 하얀 나무껍질이 선명하게 드러나고, 바람이 불 때마다 얇은 잎들이 부딪히며 은은한 소리를 낸다. 의자에 앉으면 병원 복도에서는 느낄 수 없는 고요와 안정감이 온몸을 감싸며, 병원이라는 사실조차 잠시 잊게 된다.

중앙의 작은 연못과 폭포는 도시의 소음을 덮어버린다. 물이 흘러내리는 일정한 리듬은 방문객의 호흡을 가라앉히고, 수생식물들은 사계절의 얼굴을 달리하며 정원의 생명력을 이어간다. 벤치의 높이와 각도는 휠체어 이용자도 불편 없이 앉을 수 있도록 설계되어 있다. 이곳은 평범한 정원이 아니라, 모두를 위한 보편적 경관이다.

스웨덴은 겨울이 길고 낮이 짧아 계절성 우울증이 심각한 나라다. 그래서 정원 곳곳에는 겨울에도 활력을 잃지 않는 식물들이 심겨 있다. 붉은 열매를 맺는 마가목, 황금빛 가지가 돋보이는 버드나무, 사철 푸른 상록수들이 회색빛 겨울에도 색채를 유지한다. 차가운 공기 속에서도 시각과 감각을 자극하는 장치들이 환자들의 정서적 활력을 지켜준다.

이 정원의 핵심은 겉보기에 '예쁜 풍경'이 아니다. 경관 전체가 치료의 일부로 작동한다는 점이다. 동선은 짧고 안전하며, 어디에서나 쉽게 휴식할 수 있다. 혼자 고요히 머무를 자리와 다른 이들과 자연스럽게 마주칠 수 있는 공간이 균형 있게 배치되어 있다. 계절마다 변하는 색채와 질감, 후각과 청각을 자극하는 요소들은 모두 사려 깊은 설계의 결과다.

실제로 이 정원을 꾸준히 이용한 환자들에게는 눈에 띄는 변화가 있었다. 치매 초기 환자들의 인지 저하 속도가 완화되었고, 수술 환자들의 진통제 사용량도 줄어들었다. 자연이 의학과 결합한 효과적인 치유 도구임을 과학적으로 증명한 것이다.

카롤린스카 병원이 보여주는 메시지는 분명하다. 조경은 미적 장식이 아니라, 공중보건을 떠받치는 사회적 인프라라는 점이다. 이곳에서 축적된 원리는 병원이라는 특수한 공간을 넘어, 도시 전반의 환경에도 적용될 수 있다.

스웨덴이 과학적 연구와 실증으로 치유 정원의 효과를 입증했다면, 한국은 여기에 지역 공동체와 세대 통합, 문화적 요소를 결합해 또 다른 길을 모색하고 있다. 서로 다른 맥락이지만, 결국 닿는 지점은 같다. 경관은 사람들의 건강과 회복을 지탱하는 공공의 기반이다.

## 개인의 건강이 만드는 도시의 회복력

한국의 치매안심센터, 마들체험농원 그리고 북유럽의 치유 정원이 전하는 교훈은 분명하다. 개인의 치유는 개인의 문제에 머물지 않는다. 건강을 회복한 사람들은 가정과 직장, 지역사회로 돌아가 긍정의 에너지를 확산시킨다. 작은 변화가 연쇄적으로 이어지므로 개인의 회복은 곧 도시의 회복력으로 확장된다.

코로나19 팬데믹은 이 사실을 여실히 보여주었다. 개인의 건강이 공동체의 안전과 직결된다는 점을 모두가 체험했다. 신체적 건강뿐 아니라 정신적 안정 역시 중요하다. 우울과 불안으로 인한 경제적 손실은 매년 1조 달러에 이른다. 반대로 시민들의 정신적·신체적 건강 수준이 높은 사회일수록 위기 속에서 더 빠르게 회복한다는 연구 결과는 건강과 회복탄력성의 긴밀한 연관을 잘 보여준다.

이 과정에서 치유 공간은 사회적 회복력을 키우는 인프라가 된다. 커뮤니티 가든에 참여한 주민들이 더 강한 사회적 연결감을 느끼고, 지역 활동에도 적극적으로 나선다는 연구는 이를 뒷받침한다. 자연은 사람들을 만나게 하고, 공동의 목표를 제공하며, 세대를 이어주는 대화의 장을 열어준다. 마을체험농원에서 세대가 함께 작물을 가꾸고, 치매안심센터에서 환자들이 식물의 향과 색을 통해 기억을 되살리는 장면은 그 증거다.

재난의 순간에도 이런 힘은 드러난다. 동일본 대지진 당시, 평소 공원과 커뮤니티 가든 활동이 활발했던 지역일수록 상호부조가 원활했고, 주민들의 회복 속도도 빨랐다. 일상 속 자연과의 만남이 위기 상황에서는 사회적 안전망으로 전환된 것이다. 한국에서도 코로나19 확산 초기, 전국에서 가장 큰 피해를 겪었던 대구의 경험은 이를 잘 보여준다. 당시 시민들은 실내 활동이 제한된 상황에서도 두류공원, 수성못, 앞산공원 등 도심의 공원과 수변 공간을 안전한 휴식처로 이용했다. 실제로 2019~2020년 대구시 유동 인구 데이터를 분석한 연구에 따르면, 공원과 수변 공간 주변의 인구 이동이 오히려 증가한 것으로 나타났다. 사회적 거리두기 속에서도 시민들이 자연과 접촉하며 일상의 리듬을 유지하려는 경향이 강해진 것이다. 이러한 공공녹지는 단순한 휴식 공간을 넘어, 위기 속에서도 시민들이 서로를 지지하고 심리적 안정을 회복할 수 있는 '열린 안전망(Open Safety Net)'이 되어주었다.

결국 도시의 회복탄력성은 그 도시를 구성하는 개인들의 건강과 사회적 연대에서 비롯된다. 평상시 건강한 환경에서 축적된 힘이 위기 순간 발휘되는 것이다. 따라서 치유 공간의 네트워크, 생애주기별 건강 지원, 시민 참여형 프로그램은 선택이 아니라 필수다. 서울시가 추진하는 '보행일상권' 계획은 이런 관점에서 의미가 크다. 도보 30분 안에 공원과 녹지를 포함한 생활 인프라에 접근할 수 있게 하는 이 정책은 시민들의 건강한 일상을 지탱하는 도시 전략이다.

중요한 것은 공원의 수가 아니라 그 공간이 어떻게 설계되고 운영되며, 시민이 어떻게 참여하느냐에 있다. 북유럽의 치유 정원이 과학적 근거와 세심한 관리, 시민의 참여로 효과를 입증했듯, 한국 역시 공동체적 관점에서 경관을 활용할 때 더 큰 힘을 발휘할 수 있다.

건강한 개인이 모여 건강한 공동체를 이루고, 이 공동체가 도시의 근본적 회복력을 만들어낸다. 시민들이 자연 속에서 치유를 경험하고, 그 경험을 공유하며, 다시 사회적 자본을 쌓아갈 때, 도시는 위기를 넘어 번영할 수 있다. 치유 공간에서의 경험은 개인적 회복을 넘어, 도시가 기억과 정체성을 축적하는 문화적 기반이 될 것이다.

CHAPTER 18 　　조경이　　기억을　다루는 방법

　기후 위기에 대응하는 생태적 회복탄력성, 관계를 복원하는 사회적 연대, 지속 가능한 경제적 시스템, 개인의 몸과 마음을 치유하는 공간들. 이 모든 것이 회복하는 도시의 조건이다. 그리고 이 회복의 여정이 완성되는 마지막 단계가 있다. 바로 '기억의 경관'이다.
　도시의 진정한 회복은 상처를 지워버리는 데서 멈추는 것이 아니라, 그 상처를 통해 배운 지혜를 경관 속에 새기고 기억하는 데서 완성된다. 베를린의 홀로코스트 메모리얼은 과거의 참극을 기억함으로써 미래의 평화를 지키고, 제주의 4·3 평화공원은 아픔을 화해의 기억으로 바꾼다. 오늘날 세계 곳곳에서 시민들은 스스로 새로운 기억을 창조하며 도시의 미래를 기록하고 있다. 기후 위기와 팬데믹, 사회적 갈등을 겪고 있는 우리 시대에 필요한 것은 막연한 복구가 아니다. 이 경험을 지혜로 승화시켜 미래 세대에게 전할 수 있는 기억 공간의 창조다. 우리는 어떤 기억을 남길 것이며, 그 기억으로 어떤 미래를 열어갈 것인가.

## 재현하지 않고 경험하게 하는 공간의 철학

베를린 시내 중심가, 브란덴부르크 문에서 걸어서 5분 거리에 독특한 추모 공간이 있다. 학살된 유럽 유대인을 위한 추모 공간, 바로 홀로코스트 메모리얼이다. 축구장 두 개 반 크기의 부지에 콘크리트 블록들이 격자 형태로 늘어서 있는 이 공간 앞에서 사람들은 잠시 걸음을 멈춘다.

처음 보는 사람들은 이것이 무엇일까 싶어 잠시 당황한다. 높이가 제각각인 회색 블록들이 마치 파도처럼 일렁이는 형태로 배치되어 있기 때문이다. 가장 낮은 블록은 무릎 높이 정도에 불과하지만, 가장 높은 것은 거의 5미터에 달한다. 2,711개의 직사각형 블록들이 저마다 다른 높이로 서 있어, 멀리서 보면 잔잔한 회색 바다가 일렁이는 듯하다. 게다가 지면이 미묘하게 기울어져 있어 파도 같은 경관이 더욱 역동적으로 느껴진다.

블록들 사이의 통로는 한 사람이 지나다닐 수 있을 정도의 폭이다. 이 좁은 통로를 따라 걸어보면 놀라운 경험이 시작된다. 입구에서는 낮았던 블록들이 점차 높아지면서 방문자를 둘러싼다. 어느새 머리 위로 회색 콘크리트 벽들이 솟아오르고, 밝았던 하늘은 좁은 틈으로만 보인다.

이 공간을 설계한 건축가 피터 아이젠만은 구체적인 역사 서술 대신 추상적 공간 경험을 통해 기억을 전달하고자 했다. 그는 이 기념비에서 방문자가 미로 같은 통로를 걷는 동안 겪는 감정의 여정을 세심하게 계산했다. 핵심은 미묘하게 기울어진 지면과 정교하게 계산된 통로 폭이다. 평지에서 시작한 산책이 어느새 경사를 따라 내려가면서 상대적으로 블록들이 더 높게 느껴진다. 80센티미터 남짓한 좁은 통로는 한 사람만 지나다닐 수 있어, 자연스럽게 고독감과 내밀함을 선사한다. 통로 폭을 의도적으로 한 사람만 통과할 수 있게 설정해, 고독과 몰입감을 동시에 경험하게 했다.

가장 인상적인 것은 소리의 변화다. 입구에서 들리던 도시의 교통 소리, 관광객들의 대화 소리가 점차 멀어진다. 대신 자신의 발걸음 소리만이 콘크리트 벽 사이에서 메아리친다. 높은 블록들 사이로 들어갈수록 외부 세계는 점점 차단되고, 오직 자신만의 공간에 홀로 서 있는 느낌을 받는다. 여럿이 함께 들어가도 각자 다른 길로 흩어지고, 자연스럽게 말을 줄이며 혼자만의 시간을 갖는다.

빛의 변화도 극적이다. 한낮에도 높은 블록들 사이로 들어가면 그림자가 드리우고, 해가 기울면서 블록들이 만드는 그림자의 패턴이 시시각각 변한다. 같은 공간이지만 시간에 따라, 날씨에 따라, 심지어 계절에 따라 완전히 다른 분위기를 연출한다.

이것이 바로 추상화된 기억의 힘이다. 설명이나 감정적 연출 없이, 공간 자체의 경험만으로 방문자 스스로 내면적 성찰에 이르게 한다. 같은 길을 걸어도 매번 다른 경험을 만들어내는 이 공간은 획일적인 해석을 강요하지 않는다. 대신 각자가 자신만의 방식으로 역사를 성찰할 수 있는 여백을 제공한다.

이러한 접근은 한국의 기념 공간과는 매우 다르다. 국립현충원이나 전쟁기념관 같은 한국의 기념 공간들이 주로 구체적 상징과 명시적 메시지에 의존한다면, 베를린의 메모리얼은 침묵과 여백을 통해 각자의 해석을 유도한다. 이는 서구의 개인주의적 기억 문화와 한국의 집단적 기억 문화의 차이를 보여주는 동시에, 다원화되는 현대 사회에서 기억의 다양성이 얼마나 중요한지를 깨닫게 한다.

## 생명의 순환과 자연의 치유력으로 상처를 감싸다

베를린의 추상적 접근과 완전히 다른 철학을 보여주는 것이 자연을 통한 기억 치유법이다. 이는 자연의 생명력과 계절적 순환을 통해 상처받은 기억을 감싸고 새로운 희망을 심어주는 방식이다. 뉴욕 맨해튼 남쪽 끝, 과거 세계무역센터 쌍둥이 빌딩이 서 있던 그라운드 제로. 현재 이곳에는 거대한 규모의 9·11 메모리얼 플라자가 조성되어 있다. 조경가 피터 워커는 자연의 치유력을 통해 상처받은 도시의 마음을 달래고자 했다.

플라자의 중심에는 두 개의 거대한 정사각형 연못이 있다. 각각은 쌍둥이 빌딩이 서 있던 자리에 조성되었으며, 가장자리에는 9미터 높이의 검은 화강암 벽을 따라 물이 끝없이 흘러내린다. 연못 한가운데에는 또 다른 정사각형 구멍이 뚫려 있어, 물이 마치 땅속 깊은 곳으로 사라지는 듯 보인다.

'부재의 반추(Reflecting Absence)'라 불리는 이 두 연못 주변으로는 400여 그루의 참나무가 격자 형태로 심겨 있다.

참나무 숲은 규칙과 자유가 교차하는 장치다. 일정한 간격으로 배열된 나무들이 한쪽에서 보면 일직선의 질서를 이루며 세계무역센터 하부의 아치 구조를 떠올리게 하고, 다른 쪽에서 바라보면 무작위로 흩어진 자연림처럼 보인다. 보는 위치에 따라 전혀 다른 얼굴을 드러내는 이 숲은, 도시의 상처와 회복이 동시에 존재한다는 사실을 은유처럼 전한다.

나무들의 성장도 인상적이다. 처음에는 작은 묘목을 심었지만, 15년이 지난 지금은 건장한 성목이 되었다. 봄마다 연둣빛 새잎이 돋아나며 상처 위에 다시 삶이 시작됨을 알리고, 여름에는 짙은 녹음이 광장 전체를 감싸며 시원한 그늘을 드리운다. 가을이면 황금과 주홍빛으로 물든 나무들이 따뜻한 기억을 덧입히고, 겨울에는 앙상한 가지마저도 하늘을 향해 뻗으며 꺼지지 않는 생명력을 드러낸다.

나무들 사이 바닥은 크고 작은 화강암으로 정교하게 포장되어 있어, 걷는 이마다 다른 리듬감을 경험한다. 발걸음이 놓이는 자리마다 패턴이 바뀌어, 마치 시간의 결이 발밑에서 새겨지는 듯하다. 광장 한편, 남쪽 연못 옆에는 '생존 나무(Survivor Tree)'가 서 있다. 테러의 잔해 속에서 뿌리가 찢기고 가지가 부러진 채 발견되었던 콩배나무다. 긴 치료 끝에 다시 이곳으로 돌아온 나무는 이제 울창하게 자라 매년 봄마다 눈부신 흰 꽃을 피운다. 그 꽃송이는 단순한 개화가 아니라, 살아남은 자의 증언이자 회복과 희망의 상징으로 이 공간을 지탱한다.

이 메모리얼의 가장 큰 놀라운 점은 이곳이 사실상 거대한 옥상정원이라는 점이다. 지하에는 9·11 박물관, 지하철역, PATH 기차역, 상업 시설, 그리고 거대한 냉각 및 기계 시설들이 들어서 있다. 그 위로 두터운 특수 토양을 올리고 정교한 배수 시스템과 관수 시스템을 설치했다. 뿌리가 깊이 내릴 수 있도록 충분한 깊이의 식재 기반을 조성했고, 맨해튼의 강풍과 도시환경에 견딜 수 있는 내성 강한 수종을 선별했다.

이 모든 기술적 복잡성 위에 만들어진 공간이지만, 방문자들에게는 도심 한복판의 평화로운 숲이다. 특히 해 질 무렵, 석양빛이 나뭇잎 사이로 스며들며 연못 수면에 반사될 때, 이곳은 맨해튼의 차가운 콘크리트 정글 한복판에서 완전히 다른 세계가 된다.

이런 자연 중심 접근은 제주 4·3 평화공원에서도 발견할 수 있지만, 방식은 사뭇 다르다. 제주시 봉개동 산기슭에 자리한 이 공원은 광활한 부지에 조성되었다. 뉴욕의 9·11 메모리얼이 인공적으로 조성된 자연을 통해 치유를 추구한다면, 제주 4·3 평화공원은 기존의 자연 지형을 최대한 보존하면서 그 안에서 기념의 의미를 찾는다.

공원에 들어서면 가장 먼저 눈에 들어오는 것은 제주 특유의 완만한 언덕 지형이다. 화산섬 특유의 지형이 빚어낸 부드러운 곡선의 구릉들이 파도처럼 이어지며, 공원 전체가 하나의 거대한 명상 공간이 되도록 이끌어준다. 위령 제단으로 향하는 산책로는 의도적으로 완만한 S자 곡선으로 놓였다. 길 양옆으로는 제주의 자생식물들이 자라고 있다. 봄이면 진달래와 철쭉이 붉은 분홍빛 물결을 이루고, 여름에는 제주조릿대와 억새가 바람에 흔들리며 초록의 숲을 만든다. 가을이 되면 단풍나무와 구상나무가 붉은 황금빛으로 물들어, 산책로는 다시 한번 다른 풍경으로 변한다.

돌담과 식물의 조화가 유독 눈길을 끈다. 제주 전통 돌담인 '잣성'을 현대적으로 재해석하여 공원 곳곳에 배치했다. 현무암을 차곡차곡 쌓아 올린 이 돌담들은 적절한 높이로 위압감을 주지 않으면서도 공간을 자연스럽게 구분한다. 돌담 사이사이로는 제주의 대표 식물인 동백나무, 종가시나무, 구실잣밤나무 등이 심겨 있어 사계절 푸른 풍경을 연출한다.

산책로 끝에 이르면 위령 제단이 모습을 드러낸다. 이곳에 서면 제주 남쪽 바다가 탁 트인 시야로 펼쳐진다. 1948년 제주 4·3 사건 당시 많은 이들이 피난을 꿈꾸며 바라보았을 그 바다다. 위령 제단은 제주 전통 건축을 현대적으로 해석해 낮고 수평적인 형태로 설계되었다. 높이를 자제한 지붕선은 주변 자연과 겸손하게 어우러지며, 기억의 무게를 차분히 받아낸다.

공원의 백미는 '각명비' 구역이다. 제주 4·3 사건 희생자들의 이름이 새겨진 비석들이 완만한 언덕을 따라 배치되어 있다. 현무암으로 만든 비석들이 자연스러운 곡선을 그리며 늘어서 있는 모습은 마치 제주의 오름(작은 화산)들을 연상시킨다. 비석들 사이로는 제주 들꽃들이 계절마다 피고 져서, 슬픔의 공간이지만 생명력이 넘치는 곳이 되었다.

두 공간 모두 '망각을 거부하는 기억'이 아니라 '미래를 위한 기억'을 만들어낸다. 과거의 상처를 간직하는 데 그치지 않고, 그 상처로부터 배우고 성장할 수 있는 힘을 기르는 것이다. 자연의 순환 속에서 상처와 치유, 죽음과 재생을 함께 경험하게 하는 공간이다.

## 시민이 스스로 만들어가는 능동적 기억 공간의 가능성

기억 공간의 미래는 더 이상 전문가가 설계하고 시민이 방문하는 수동적 모델에 머물지 않는다. 이제는 시민들이 직접 참여해 만들어가는 능동적 모델로 진화하고 있다. 베를린의 추상적 기념비가 개인의 성찰을 이끌고, 뉴욕과 제주의 자연 기반 접근이 집단적 치유를 추구했다면, 참여형 기억 공간은 공동체가 스스로 미래를 창조하는 과정 그 자체를 담아낸다.

이 변화를 가장 극적으로 보여주는 사례가 콜롬비아 메데인의 파크 라이브러리다. 한때 '세계에서 가장 위험한 도시'라는 오명을 썼던 메데인은 마약 카르텔과 폭력이 일상화된 공간이었다. 이 도시재생의 중심에는 의외로 '도서관'이 있었다. 도시에서 가장 가난하고 위험한 지역 한가운데 지어진 파크 라이브러리들은 책을 보관하는 장소가 아니라, 주민들이 모이고 관계를 회복하는 새로운 문화적 경관이었다.

그중에서도 산토도밍고 지역의 '스페인 도서관'은 상징적이다. 산비탈에 세 개의 검은 바위처럼 자리한 건물은 멀리서 보면 자연 지형과 어우러져 하나의 지형 요소처럼 보인다. 주변의 가파른 경사는 그대로 남겨두되, 주민들이 안전하게 오르내릴 수 있도록 지그재그형 산책로와 계단식 테라스가 마련되었다. 테라스마다 그늘과 벤치가 있어 잠시 쉬어가며 대화할 수 있고, 언덕 곳곳에는 안데스 자생식물들이 숲을 이루며 자연스러운 배경을 형성한다. 아이들을 위한 놀이터도 특별하다. 바위를 활용한 미끄럼틀, 나무 사이에 설치된 밧줄 다리, 작은 동굴 같은 은신처는 어린이들의 상상력을 자극한다. 밤이 되면 건물과 정원에 조명이 켜져 산 중턱을 밝히는데, 과거 총성이 울리던 거리는 이제 가족 산책로로 변모한다. 폭력의 흔적은 사라지지 않았지만, 시민들이 직접 참여하여 그 상처를 치유의 기억으로 바꿔낸 것이다.

비슷한 변화는 한국에서도 발견된다. 서울 성북구의 삼태기 마을은 북한산 자락에 자리한 작은 달동네였다. 가파른 비탈길, 좁은 골목, 낡은 집들이 빽빽하게 이어진 이곳은 오랫동안 도시의 변두리로 방치되어 있었다. 변화는 2010년, 마을 입구 자투리땅에 주민 몇 명이 꽃과 채소를 심으면서 시작되었다. 처음에는 집 앞을 꾸미려는 소박한 시도였지만, 함께 물을 주고 풀을 뽑으며 대화가 늘었고, 수확물을 나누면서 공동체의 온기가 살아났다.

변화는 골목으로 번져갔다. 집집마다 작은 화분이 놓이고, 담장에는 꽃이 걸리며, 계단마다 플랜터가 자리 잡으면서 골목은 점차 정원으로 변해갔다. 쓰레기가 쌓이던 공터는 주민들이 힘을 모아 '문화 마당'으로 바뀌었다. 중앙에 심은 느티나무 한 그루와 벤치, 파고라는 마을의 상징이 되었고, 매달 열리는 장터는 주민들의 교류와 자부심을 키워주는 축제가 되었다.

삼태기마을이 보여주는 가장 중요한 교훈은 과거를 지우지 않았다는 점이다. 불편했던 좁은 골목길은 이웃의 정을 나누는 길로 다시 해석되었고, 가파른 계단은 도시를 내려다보는 전망대가 되었다. 낡은 담장은 벽화와 화분으로 새 얼굴을 갖게 되었다. 주민들은 더 이상 '달동네 사람'이라는 이름을 부끄러워하지 않는다. 대신 '문화마을 주민'이라는 새로운 정체성을 받아들이며 살아간다.

이 과정은 세 단계로 요약된다. 과거의 흔적을 인정하는 '받아들임', 일상의 작은 변화를 실험하는 '전환', 새로운 정체성이 뿌리내리는 '정착'. 이 과정을 통해 만들어진 기억 공간은 개인의 회복에 머무르는 장소가 아니라 공동체가 미래를 스스로 설계하는 무대가 된다.

오늘 우리가 직면한 과제도 같다. 코로나19 팬데믹, 기후 위기, 사회적 갈등 같은 시대적 트라우마를 잊거나 서둘러 극복하려 하지 말고, 그 경험을 배움과 성숙으로 전환하는 능동적 기억 공간을 만들어야 한다.

## 우리가 겪고 있는 경험을 기억하는 방식

도시는 어떻게 회복하고 성장하는가. 기후 위기와 자연재해의 충격을 흡수하고, 사람과 사람, 사람과 자연의 관계를 복원하며, 경제적·기술적 시스템을 지속 가능하게 만들고, 시민들의 몸과 마음의 건강을 회복시켜, 마침내 새로운 기억과 정체성을 형성한다. 이 모든 과정은 다양한 분야의 노력이 맞물려 이루어지며, 조경은 그 흐름을 구체적 공간으로 형상화하는 중요한 매개체다.

회복의 완성은 기억의 창조에 있다. 다른 분야들이 회복의 방법을 제시한다면, 조경은 그 회복을 '기억'으로 승화시키는 역할을 한다. 그리고 그 기억을 만들어가는 주체는 전문가나 정책 입안자가 아니라, 바로 그 공간을 경험하고 기억을 쌓아가는 시민들이다.

그렇다면 우리는 지금 겪고 있는 경험을 어떻게 기억할 것인가? 코로나19 팬데믹은 도시 공간에 대한 우리의 인식을 완전히 바꿔놓았다. 사회적 거리두기 과정에서 공원과 광장의 소중함을 새삼 깨달았고, 재택근무를 하면서 집 주변 조경 공간의 중요성을 체감했다. 기후 위기는 더욱 근본적인 질문을 던진다.

잦아진 폭우와 폭염, 예측하기 어려운 날씨를 단순한 재해의 반복으로 기억할 것인가, 아니면 도시를 새롭게 설계할 기회로 기억할 것인가? 미래 세대가 우리의 경험을 토대로 더 나은 도시를 만들 수 있도록, 우리는 어떤 기억을 남겨야 할까?

앞으로 기억 공간은 디지털과 아날로그가 결합될 것이다. 증강현실로 공원의 과거 모습을 불러오거나, 시민들이 직접 기록한 이야기를 가상공간에서 공유하는 새로운 매체들이 등장하고 있다. 그러나 기술은 어디까지나 도구일 뿐이다. 중요한 것은 그것을 통해 사람과 사람, 사람과 자연이 더 깊이 연결되는 일이다. 베를린의 침묵하는 콘크리트 블록이 강렬한 메시지를 전하듯, 때로는 직관적이고 순수한 자연의 언어가 가장 오래 기억된다.

다문화 사회로 변화하는 한국에는 포용적 기억이 필요하다. 서로 다른 문화적 배경을 가진 사람들이 함께 만들어가는 기억, 차이를 인정하면서도 공통의 경험을 나누는 공간이 중요하다. 덴마크 코펜하겐의 도심 공원, 슈퍼킬렌은 그 좋은 예다. 60개국 이민자들의 고향을 상징하는 오브제들이 하나의 공원에 모여 조화로운 경관을 만든다. 우리나라에서도 이런 시도가 얼마든지 가능하다.

다문화 거주 지역의 작은 공원이나, 국제적 상업지구 속 조경 공간들은 형식적 장식을 넘어 서로 다른 문화가 만나고 소통하는 무대가 될 수 있다.

도시의 회복은 기억의 형성으로 완성된다. 상처를 덮거나 잊으려 하지 않고, 그 경험을 통해 배우고 성장한 기억이 쌓일 때 도시는 진정으로 회복된다. 그리고 그 기억을 만들어가는 주체는 바로 시민 한 사람 한 사람이다. 오늘 길에서 발견한 작은 변화, 공원 벤치에서 느낀 계절의 전환, 이웃과 나눈 대화. 이 일상적 순간들이 도시의 기억을 만들고, 미래의 회복력을 키운다.

도시는 이제 건물과 도로의 집합이 아니다. 감각과 기억, 자연과 문화가 어우러진 살아 있는 경관이다. 우리는 경관을 읽는 언어를 배웠고, 이제는 그 언어로 새로운 문장을 써 내려갈 차례다. 치유의 경험이 기억으로, 기억이 도시의 정체성으로 이어지는 순간, 도시는 회복의 완성에 다다른다. 그리고 미래 세대가 읽게 될 도시의 기억은 지금 이곳에서 우리가 만들어가고 있다.

Epilogue

# 모두가

# 나무 그늘 아래

# 앉을 권리가 있다

대한민국 3가구 중 1가구 이상이 혼자서 살고 있다. 20년 전에는 열 명 중 한 명도 안 됐던 1인 가구가 지금은 가장 흔한 가구 형태가 되었다.

이 중 상당수가 20~30대 청년이다. 그들은 대부분 월세로 좁은 공간을 구한다. 거실도, 정원도 없다. 그래서 카페로 간다. 한국에는 지금 10만 개에 가까운 카페가 있다. 커피의 나라 프랑스나 이탈리아보다 2배 이상 많다. 이제 카페는 1인 가구에게 '제3의 장소'가 되었다. 거실이자, 서재이자, 사회적 공간이 된 것이다. 하지만 카페는 소비를 요구한다. 아메리카노 한 잔을 사지 않으면 앉을 수 없다. 그렇다면 소비 없이 쉴 수 있는 공간은 어디에 있을까?

1인 가구 시대, 우리에게 필요한 것은 더 큰 집이 아니라 더 좋은 동네다. 넓은 거실이 아니라 걸어서 5분 거리의 공원이다.

우리는 왜 자연을 찾을까?

힘들 때, 위로가 필요할 때, 우리는 한강 변을 걷거나 공원 벤치에 앉거나 주말 오후 산에 오른다. 철학자들은 "집은 우리의 첫 번째 우주"라 했지만, 1인 가구는 건물 안이 아닌 건물 밖 자연에서 진짜 쉼을 찾는다.

빗소리를 담은 ASMR 영상은 수백만 회 넘게 재생된다. 파도 소리, 숲속 바람 소리는 수면과 집중을 돕는 콘텐츠로 사랑받는다. 이것은 단순한 취향이 아니다. 생물학자들이 밝혀낸 '바이오필리아' 가설이 말하듯, 인간은 본능적으로 생명 있는 것에 끌린다. 도시가 아무리 발전해도, 사람들은 여전히 자연에서 위로받는다.

그래서일까. 최근 몇 년 사이 '식집사(식물+집사)'라는 말이 생겼다. 좁은 원룸 창가에 화분을 두고, 물 주는 날을 달력에 표시하고, 시든 잎을 따내고, 창가 위치를 바꿔가며 햇빛을 맞춰준다. 일주일 만에 새잎이 펼쳐지면 SNS에 올린다. 반려 식물이라는 표현도 낯설지 않다. 정원을 가질 수 없어도, 작은 화분만큼은 가지려 한다.

이것은 소유의 욕구가 아니라 관계의 욕구다. 사람들이 SNS에 올리는 것은 '내가 이걸 샀다'는 과시가 아니라 '오늘 새잎이 났다'는 기쁨이다. 창가에서 키운 바질은 시장 것보다 작고, 옥상 화분의 고추는 벌레 먹은 자리가 있다. 비효율적이지만, 사람들은 기꺼이 시간을 쏟는다. 무언가를 돌보고, 자라는 것을 지켜보는 경험 자체가 위로이기 때문이다.

청소년에게 자연은 더욱 절실하다. 청소년 열 명 중 네 명이 스마트폰 과의존 위험군이다. 청소년의 우울감은 해마다 증가한다. 디지털 화면 속에서 길을 잃은 아이들에게 필요한 것은 더 빠른 인터넷이 아니라, 점심시간에 운동장 나무 그늘에 앉아 친구와 이야기하고 쉬는 시간 교실 창가에서 멍하니 바깥을 보고, 방과 후 학교 뒤편 작은 숲길을 걸으며 하루를 정리하는 경험이다.

요즘 SNS에서 핫한 장소들을 보면 공통점이 있다. 성수동의 복합문화공간, 한남동 카페 거리, 제주의 작은 미술관. 사람들은 왜 그곳에 가서 사진을 찍을까?

음식이 맛있어서? 인테리어가 예뻐서? 물론 그런 이유도 있다. 하지만 결정적 순간은 다른 데 있다. 창밖으로 보이는 나무, 작은 중정, 입구까지 이어지는 녹음, 옥상의 풍경. 사람들이 카메라를 꺼내 드는 순간은 대부분 자연과 건축이 만나는 지점이다.

성수동 일대가 주목받은 것도, 오래된 공장 건물들 사이로 스며든 자연 때문이다. 담쟁이가 뒤덮은 벽, 마당에 남겨진 나무 한 그루, 골목길 화단의 들꽃. 낡은 것과 자란 것이 어우러진 풍경은 새것만으로는 만들 수 없는 시간의 깊이를 보여준다.

제주 애월의 작은 카페들이 인기를 끄는 이유도 비슷하다. 현무암 돌담 너머 보이는 바다, 마당의 억새, 창가에 놓인 제주 자생 식물. 그 공간들은 제주라는 장소성을 조경으로 번역해냈다. 사람들은 그곳에서 커피를 마시는 게 아니라 제주를 경험한다.

조경은 공간에 정체성을 부여한다. 어디서나 볼 수 있는 프랜차이즈 인테리어가 아니라, 그곳에만 있는 고유한 풍경을 만든다. 그래서 사람들은 찾아가고, 기억하고, 다시 온다.

그러나 이 혜택은 모두에게 공평하게 주어지는가?

출근길 가로수 그늘을 따라 걷는 사람과 뜨거운 햇볕을 피할

곳 없이 걷는 사람. 점심시간을 이용해 공원 벤치에 앉아 있는 사람과 공원까지 가기 어려운 사람. 도시의 녹지는 모든 곳에 고르게 존재하지 않는다. 녹지가 있는 곳은 살기 좋은 곳이 되고, 살기 좋은 곳에는 다시 녹지가 조성된다. 환경 불평등이다.

폭염에도 시원한 공원에서 노는 아이들이 있다. 하지만 그늘 하나 없는 골목을 걷는 아이들도 있다. 미세먼지가 심한 날, 숲이 있어 조금이라도 먼지가 정화되는 동네가 있는 반면, 먼지를 그대로 마셔야 하는 동네도 있다. 집중호우가 쏟아질 때 공원이 물을 머금어주는 곳이 있지만, 침수되는 곳도 있다.

공원 벤치는 주소와 무관하게 모두에게 열려 있어야 한다. 경제력과 무관하게 모든 시민이 나무 그늘 아래 앉을 권리. 그것이 21세기 도시의 최소한이다.

환경 불평등을 해결하려면 공공의 녹지가 필요하다. 새로운 공원을 만들려면 무엇보다 땅이 필요하다. 그리고 그 해답은 의외로 가까운 곳에 있다. 바로 학교다.

저출생으로 학교마다 빈 교실이 늘고 있다. 위기처럼 보인다. 하지만 다르게 보면, 이것은 기회다. 학교만큼 완벽한 조건을 갖춘 곳도 드물다. 도시 전역에 균등하게 분포되어 있고, 걸어서 10분이면 닿을 수 있으며, 이미 공공의 소유다. 학교는 부자 동네에도 있고, 변두리에도 있다. 학교를 마을의 공원으로 바꾸는 일, 그 변화는 녹지가 부족한 동네부터 시작될 수 있다. 예산과 여건에 따라 단계적으로 확산하면 된다. 중요한 것은 어느 한 지역만이 아니라, 점차 모든 동네로 변화가 퍼져나가는 것이다.

넓은 운동장과 교사 사이 자투리땅, 옥상, 담장까지. 공간은 충분하다. 지금껏 학교는 아이들이 공부하는 곳, 오전 9시부터 오후 4시까지 운영되는 교육시설. 그 이상도, 그 이하도 아니었다. 하지만 조경의 관점에서 보면 학교는 이미 생활권 녹지다. 새로운 땅을 사서 공원을 만들 필요도 없고, 누군가를 내쫓을 필요도 없다. 이미 그 자리에, 공공의 이름으로 존재한다.

서울시 곳곳에서 이미 변화가 시작되고 있다. '틈새공간 키우기 사업'으로 비어가는 학교를 녹색으로 채우고, 청소년센터에 '마음풀'이 조성되었다. '마음풀'은 마음을 풀고, 풀이 자라고, 마음을 충전(full)한다는 중의적 이름이다. 남는 교실은 실내 정원으로 바뀌어 아이들이 생태를 배우는 공간이 되고, 운동장 한쪽 자투리 공간은 주민들이 함께 가꾸는 텃밭이 된다. 도시농업에서 시도하고 있는 '녹지 구독 서비스'처럼 1년 단위로 작은 화단을 분양받아 허브를 심고 토마토를 키운다. 방과후와 주말, 학교는 마을 전체의 쉼터가 된다. 퇴근길에 학교 뒤편 작은 숲을 지나고 주말이면 분양받은 화단에 물을 준다. 세대가 자연스럽게 섞이고 계절이 함께 흐른다.

센트럴파크는 19세기 뉴욕에 필요했던 답이었다. 21세기 우리 도시에 필요한 답은 무엇인가? 거대한 공원 하나가 아니라, 걸어서 10분 거리마다 존재하는 작은 숲이다. 그리고 그 숲의 이름은 '학교'일 수 있다.

하지만 공간을 만드는 것만으로는 부족하다. 기후 위기가 공공 공간의 이용을 막고 있기 때문이다. 폭염주의보가 일상이 되고, 집중호우가 도심을 침수시키고, 미세먼지가 심한 날이면 아이들은 운동장에 나가지 못한다. 좁은 원룸에 사는 1인 가구에게 이것은 이중의 고립이다. 집은 좁고, 밖은 위험하다.

콘크리트는 열을 가두고 물을 막는다. 반대로 녹지는 도시를 지킨다. 나무는 그늘을 만들고, 공원은 빗물을 머금고, 숲은 공기를 정화한다. 그래서 21세기 공공 공간은 '회복탄력적'이어야 한다. 폭염 시에는 쿨링센터가 되고, 홍수 시에는 빗물저류지가 되며, 평상시에는 아이들의 놀이터이자 주민들의 산책로가 된다. 재난을 견디는 것을 넘어, 재난 속에서도 사람들을 지키는 공간이다.

학교 녹화는 이런 기후 적응의 출발점이 될 수 있다. 운동장 한쪽에 나무를 심어 여름 그늘을 만들고, 화단에 빗물이 스며들게 하고, 교실 한 쪽에 실내 정원을 가꾼다. 아이들이 가장 많은 시간을 보내는 공간부터 안전하게 만든다. 그것이 우리가 할 수 있는 첫걸음이다.

그리고 이 모든 것은 경제의 문제이기도 하다.

서울 양천구 서서울호수공원의 변화를 보자. 한때 폐정수장이었던 곳을 2009년 공원으로 재생했다. 침전조와 수도관은 해체하지 않고 정원과 벤치로 재활용했고, 정수장 호수는 그대로 살려 수변 공원이 되었다.

특히 '소리분수'는 김포공항 소음을 예술적 경험으로 전환했다. 항공기가 공원 상공을 지날 때마다 소음 센서가 반응하고, 비행 경로를 따라 분수가 순차적으로 솟아오른다. 밤이면 조명이 함께 켜지며 물줄기가 비행기의 궤적을 그린다. 소음을 공원의 이벤트로 만든 것이다. 녹지가 부족했던 서울 서남부에 거점공원이 생기면서 지역 이미지가 달라졌다.

조경은 예상치 못한 방식으로 확산되고 있다. 젊은 세대는 좋아하는 아티스트 이름으로 숲을 조성한다. 난지한강공원에는 BTS, 세븐틴, 투모로우바이투게더의 이름이 붙은 숲이 있다. 팬들이 음악 정기 결제 금액 일부를 모아 나무를 심고 직접 관리하며, SNS에 인증한다. 신화 팬들은 내몽골 사막화 방지 숲을, 2NE1 팬들은 아프리카에 망고나무 공원을 선물했다.

이는 단순한 유행이 아니다. 젊은 세대가 자신의 관심을 지속가능한 환경 기여로 연결하는 새로운 문화다. 조경은 세대를 아우르는 참여의 플랫폼이 되고 있다.

경제학자들이 어메니티라 부르는 이 보이지 않는 가치가, 21세기 도시의 운명을 결정한다. 조경은 비용이 아니라 투자다. 새로운 경제 문명이다.

이 투자는 누구를 위한 것인가?

우리가 이용하는 도시의 많은 것들이 그렇다. 지하철도 도서관도 공원도, 세대를 거쳐 이어진다. 이전 세대가 만든 것을 우리가 쓰고, 우리가 만드는 것을 다음 세대가 쓴다.

지금 우리가 즐겨 찾는 공원도 마찬가지다. 몇 년 전, 혹은 수십 년 전 누군가 그 공간을 설계했다. 어디에 길을 내고, 어디에 나무를 심고, 어떻게 빗물을 흘려보낼지 고민했지만 그들은 완성된 공원을 한 번도 걸어본 적이 없다. 아니, 완성된 공원은 애초에 존재하지 않는다. 나무는 계속해서 자라고, 사람들은 새로운 길을 만들고, 계절마다 풍경이 달라진다. 공원은 시간이 지나며 풍성해진다.

학교를 생활권 녹지로 바꾸는 것도 그렇다. 운동장 한쪽에 언덕을 만들고, 빗물이 흐르는 작은 정원을 조성하고, 아이들이 앉아 쉴 수 있는 벤치를 놓는다. 처음에는 작고 어색하다. 하지만 시간이 지나면 달라진다. 나무가 자라 그늘을 만들고, 풀들이 뿌리내리고, 사람들이 익숙해지며 그곳에서 추억이 쌓인다. 10년 후에는 지금보다 더 풍성해질 것이고, 20년 후에는 완전히 다른 풍경이 된다.

그때 이 공간을 쓸 사람은 지금 막 학교에 들어갔거나, 아직 태어나지도 않았다. 우리는 만나지 못할 누군가를 위해 공간을 만든다. 아니, 공간을 시작한다. 우리는 이전 세대가 시작한 공간을 누리고, 다음 세대가 누릴 공간을 시작한다. 도시는 이렇게 이어지고, 진화한다.

출근길 가로수 그늘이 15도 차이를 만든다는 것을, 이제 우리는 안다. 점심시간 공원 벤치의 쉼표가 도시가 건네는 대화라는 것도 안다. 한 사람의 이해가 모여 한 동네가 바뀌고, 한 동네의 변화가 모여 한 도시가 달라진다.

당신이 사는 동네 학교를 떠올려보라. 담장 너머로 보이는 것은 콘크리트 운동장인가, 아니면 나무 그늘인가?

학교가 숲이 된다면, 일상이 달라진다. 출근길 학교 숲을 지나며 새소리를 듣고, 주말이면 텃밭에 물을 주고, 저녁엔 산책로를 걸으며 하루를 정리한다. 혼자 사는 원룸으로 돌아가는 길이 더 이상 쓸쓸하지 않다. 학교 숲을 지나며 계절을 느낀다.

수십 년 후, 누군가는 우리가 시작한 도시를 살아갈 것이다. 조경은 만나지 못할 그들에게 가까운 자연을 돌려준다.

KI신서 13936

## 조경, 가까운 자연
조경이란 인간에게 자연을 돌려주는 일이다

1판 1쇄 인쇄 2025년 11월 12일
1판 1쇄 발행 2025년 12월 3일

지은이 전진형
펴낸이 김영곤
펴낸곳 ㈜북이십일 21세기북스

인문기획팀 팀장 양으녕 책임편집 서진교 마케팅 김주현
교정교열 이희숙
디자인 withtext
영업팀 정지은 장철용 강경남 황성진 김도연 이민재 한충희 남정현
제작팀 이영민 권경민

출판등록 2000년 5월 6일 제406-2003-061호
주소 (10881) 경기도 파주시 회동길 201(문발동)
대표전화 031-955-2100 팩스 031-955-2151 이메일 book21@book21.co.kr

**㈜북이십일** 경계를 허무는 콘텐츠 리더

21세기북스 채널에서 도서 정보와 다양한 영상자료, 이벤트를 만나세요!
페이스북 facebook.com/jiinpill21   포스트 post.naver.com/21c_editors
유튜브 youtube.com/book21pub     인스타그램 instagram.com/jiinpill21
홈페이지 www.book21.com

ⓒ 전진형, 2025

ISBN 979-11-7357-636-2 (03600)

책값은 뒤표지에 있습니다.
이 책 내용의 일부 또는 전부를 재사용하려면 반드시 ㈜북이십일의 동의를 얻어야 합니다.
잘못 만들어진 책은 구입하신 서점에서 교환해드립니다.